어느 날
문득
어른이
되었습니다

GINZA KANZUME
by MASUDA Miri
Copyright©2013 MASUDA Miri
All rights reserved.
Originally published in Japan by GENTOSHA, Tokyo.
Korean translation rights arranged with GENTOSHA, Japan
through THE SAKAI AGENCY and BC Agency

이 책의 한국어판 저작권은 BC 에이전시를 통한
저작권자와의 독점계약으로 이봄 출판사에 있습니다.
저작권법에 의해 한국 내에서 보호를 받는 저작물이므로 무단전재와 복제를 금합니다.

어느 날 문득 어른이 되었습니다

마스다 미리 산문집
권남희 옮김

차례

법령선 • 09

인터뷰 후기 • 12

오사카 사투리를 쓰는 나 • 15

잔뜩 있습니다 • 17

선물 교환 • 20

일정을 넣지 않는 날 • 23

호스트 역할 • 26

심야의 자유시간 • 29

버버리 트렌치코트 • 33

12월 • 36

앙앙 • 38

가장 중요한 것 • 41

A코스 • 44

말할 경우, 말하지 않는 경우 • 47

14세×3회 • 50

어른 취급 • 52

조용히 두자 • 55

생활을 재점검하다 • 57

눈을 뜨면 또 미지의 하루 • 59

수짱 • 62

우리 세대의 노래 • 65

흙 냄비 • 69

초록 커튼 달기 • 71

'건방' 졸업 • 74

50엔으로 2,000엔 절약하는 히트 상품을 사다 • 77

도넛 가게에서 • 80

어른 놀이 • 83

귀향 • 86

매혹의 핫케이크 • 89

불성실하고 덤벙거리는 인간 • 92

어느 가을밤 • 95

우와, 예쁘다, 대단해! • 98

어른이 되어 생각해낸 방법 • 100

포장마차에서 군것질하기 • 102
입 밖에 내지 않아도 좋을 말 • 106
느낌이 좋은 사람 • 108
조금이지만 먹어보렴 • 110
긴자에서 이틀 밤 보내기 • 114
iPhone 4S • 117
돌아온 역할 • 120
돈 이야기 • 124
짧은 침묵 • 126
나이 먹는 이야기 • 128
오랜만의 수중 워킹 • 131
기분 전환 스위치 • 134
동창생 재회 • 136
미팅 후의 빈둥빈둥 타임 • 140
멍하게 있기 • 143
최근의 고민거리 • 145
애정이 담긴 한마디 • 147
일흔 살이 되었을 때 • 151
잘 부탁합니다! • 155
엄마의 글씨 • 157
다채로운 하루 • 161

판단 착오 • 164

말을 하며 즐기다 • 168

득실 메모리 • 171

부모님께 인사하기 • 174

체질하기 • 178

미래의 나에게 • 181

수짱, 마이짱&사와코상 • 185

살빼기 노력 • 188

비를 맞는 자리 • 192

즐거운 어른들의 장래 • 196

여러 세계를… • 200

그렇게 못했던 것을 • 203

친구의 유형 • 207

내 성격 • 209

인터뷰를 둘러싼 이것저것 • 213

외로움의 정체 • 215

후기를 대신하며

* 본문 속 일러스트는 오른쪽에서 왼쪽 방향으로 봐주세요.

법령선

 직업이 일러스트레이터이다 보니 종종 내 얼굴도 그릴 때가 있는데, 요즘 와서 '법령선'에 대한 생각이 많아졌다. 요즘 와서란 마흔을 넘어서라는 말이다.

 입 양쪽에 여덟 팔자로 들어가는 법령선은 인물의 나이를 표현하는 하나의 포인트이기도 하다. 선을 길게 넣으면 나이 지긋한 얼굴이 되고, 젊은 사람은 아무것도 없이 매끈하게 그린다. 30대까지는 그리지 않아도 괜찮은데, 40대에도 그릴 필요가 없으려나.

 그렇다면 대체 몇 살부터 법령선을 넣어야 할까?

 15년 전까지만 해도 "할머니를 그려주세요" 하는 작업을

의뢰받으면, 그 '할머니'는 백발에 기모노 차림이었다. 고양이라도 안고 햇볕을 쬐는. 하지만 요즘 시대에 그런 그림을 그리면 바로 재작업이다. 법령선은 필요하지만, 핑크나 보라 같은 예쁜 색깔 블라우스 차림에 염색한 머리로 기분 좋게 걸어가는 그림을 그려야 정답인 분위기다.

그렇다보니 아래 세대도 젊게 그려야 한다. 이제 내 솜씨로는 30대와 40대 여성을 그림으로 구분할 수 없다. 가슴 위치를 조금 내려서 나이를 표현할까 생각했지만, 왠지 그것도 인정하고 싶지 않다.

굳이 30대와 경쟁하려는 게 아니라 위 세대가 점점 젊어지는 탓에 자신의 나이를 실감하지 못하는 것 같다. 아무리 그래도 팔자 주름 같은 건 남 일처럼 생각하고 싶은 '여자 마음'이다. 그냥 이대로 내 얼굴 그릴 때는 주름을 그리지 않기로 할까보다.

베테랑 일러스트레이터인 오하시 아유미_{무라카미 라디오 시리즈에 일러스트를 그렸다} 씨는 자화상에 팔자 주름을 그린다. 잡지 같은 데서 사진으로 보면, 그림보다 훨씬 젊어 보이시는데! 얼마나 당당한가, 생각하면서도 나는 내가 그리는 여자 얼굴 그림에서 쉽게 미련을 버리지 못할 것 같은 기분이 들었다.

'법령선'을
몇 살부터
넣을지가
문제입니다.

인터뷰 후기

직업상 잡지 등의 인터뷰를 받을 때가 있다. 주로 신간이 발매됐을 때 인터뷰가 들어온다. 고마운 일이다. 그런데 인터뷰를 하고 돌아오는 길이면 언제나 착잡한 기분이 밀려온다.

그런 말을 하려고 했던 게 아니었는데……. 이미 내뱉은 말을 일일이 떠올리니 하나같이 거짓말 같다. 자기 마음속 얘기를 전부 제대로 말할 수 있는 사람이 있을까? 있을지도 모르고, 없을지도 모른다. 모르겠다. 하지만 인터뷰 기사는 나의 '정답'처럼 되어 저 혼자 걸어간다.

교정이란 게 있다.

인터뷰가 활자화될 경우, 게재하기 전에 본인이 체크하는 것이다. 나는 거기에 곧잘 수정을 한다. "남이 쓴 글을 고치는 건 실례인데……" 하고 옛날에는 좀 사양했지만, 생각해보면 내가 한 발언이다. 이런 표현은 하지 않았어, 내가 한 말과 달라, 그렇게 생각되면 고치기로 했다. 그러지 않으면 엉터리 자신이 만들어진다.

신문사 인터뷰는 교정할 수 없다. 왜인지는 모르겠지만, 시스템이 그런 것 같다. 기자가 쓴 것 그대로 나온다. 나중에 보고 이렇게 말하지 않았는데! 생각해봐야 이미 때는 늦었다. 그런 일이 있으면 두 번 다시 인터뷰를 하고 싶지 않다고, 굳게 마음먹게 된다.

아직 20대 때였다.

내 첫 책은 센류_川柳, 5.7.5의 3구 17음으로 된 하이쿠와 같은 단시_집으로 3,000부 인쇄되었다. 절대 많지 않은 숫자다. 그 책이 요미우리신문 서평란에 실리자 연락이 와서 인터뷰를 하게 되었다. 신인인 나는 "책을 출간한 사람은 모두 신문사 취재를 받는구나" 하고, 별로 긴장도 하지 않고 재잘재잘 마음 놓고 떠들었다.

전국지에 실린 그 기사는 따뜻하고 다정하고 애정이 듬

뿍 담긴 내용이었다. 그 인터뷰 기사로 인해 새로운 일도 들어왔다.

훗날, 그 기자를 만날 기회가 있어서 그때 고마웠다고 인사를 했더니, "이 사람이 세상에 나오면 좋겠구나, 하는 바람을 담아서 썼습니다" 하고 웃었다.

오사카 사투리를 쓰는 나

친한 친구와 얘기할 때의 나는 내가 좋아하는 '나'다.

그런데 미묘하게 다르다. 아주 조금 부족하다.

역시 오사카 사투리로 얘기할 때의 내가, 내가 좋아하는 '나'에 가장 가까운 것 같다. 15년쯤 전에 상경했을 때, 굳이 연연할 것도 없다고 생각해서 사투리를 쓰지 않았다. 쓰지 않으니 편했다. 표준어로 "저기"라든가 "그랬구나~" 하고 말하는 자신이 갑자기 얌전하고 부드러운 인상으로 바뀐 것 같은 기분이 들어 즐거웠다.

그런 느낌은 지금도 이어지고 있다. 지금도 마음 한편으로 즐기고 있다. 표준어로 얘기할 때면 대본을 읽는 듯한 느낌이 사라지지 않는다.

그것이 마음에 들지 않는다는 게 아니다. 이제 이대로의 나로 가는 거야! 라고도 생각한다. 하지만 몇 년 만에 오사카 친구를 만나 사투리로 떠들다보면, 앗! 내가 좋아하는 나는 이거구나! 하고 놀란다.

"저기"가 아니라 "야", "그랬구나"가 아니라 "그랬나."

얘기하는 속도도 도쿄에 있을 때보다 빠르고, 목소리 톤도 낮다. 그것은 내가 잘 아는 나였다. 도쿄의 친구들에게 보여주지 못하는 것이 아주 조금 섭섭하기도 하다.

도쿄에서 만난 친구 대부분은 지방 출신이다. 홋카이도, 아키타, 시즈오카, 오카야마, 교토, 가가와, 가고시마…… 정말로 다양하다. 그렇지만 모두 표준어로 사귄다.

나는 그 친구들이 '좋아하는 자신'을 만나지 못한 것이다.

그것은 도쿄 출신 친구에게는 느끼지 못하는 씁쓰레한 감각이다.

그러고 보니 사투리를 갖지 못한 사람은 사투리로 얘기해보고 싶다고 생각한 적이 있을까? 평소 얘기하는 말투와는 다른 말투를 가져보고 싶다고 느낀 적이 있을까?

'표준어' 머리로 그런 생각을 하는 가을 한낮이었다.

잔뜩 있습니다

날마다 하고 싶은 일이 잔뜩 있다.

잔뜩 있지만 다 할 수는 없어서 조금씩 하고 있다.

얼마 전에는 해야지 생각만 하던 옷장 정리를 했다. 정말로 후련했다. 세면실에 뒤죽박죽 있던 화장품 상자도 정리했다. 기뻤다. 여행도 했다. 가보고 싶었던 미야기 현의 나루코 온천. 뜨듯한 물이 기분 좋았다. 특산품인 목각인형에 색칠도 했다. 만족스러웠다. 시레토코_{홋카이도 동부에 위치한 반도로 세계자연유산에 등록되었다}도, 나오시마도, 하기_{야마구치 현에 위치한 도시로 도자기가 유명하다}도 가고 싶다. 가고 싶은 곳이 너무 많다.

베란다 청소도 하고 싶다. 부연 유리창도 닦고 싶다. 방

충망의 여름 때를 씻어내고 싶고, 하얀 운동화를 빨아서 볕에 말리고 싶다.

보고 싶은 영화도 있다. 〈오오쿠~영원~〉. 어떤 느낌일까? 다음주, 레이디스데이에 갈 수 있으면 가야지.

읽고 싶은 책은 날마다 쌓여간다. 지금 가장 읽고 싶은 것은 하부 요시하루^{일본 장기의 명인} 씨와 모기 겐이치로^{일본의 뇌과학자} 씨의 대담집 『자신의 머리로 생각한다는 것』. 나는 장기에 관해서는 잘 모르지만, 하부 씨의 분위기를 무척 좋아해서 책이 나오면 꼭 사서 읽고 있다. 이미 주문해서 내 옆에 있으므로, 오늘밤부터 자기 전에 조금씩 읽을 참. 그러나 와타야 리사^{2004년 『발로 차 주고 싶은 등짝』으로 아쿠타가와상을 수상했다} 씨의 『멋대로 떨어라』도 아직 읽고 있는 중이라······.

먹고 싶은 것도 잔뜩. 요즘 같은 계절에는 밤으로 만든 디저트도 먹으러 가고 싶다. 그러고 보니 친구와 기모노를 입고 맛있는 것 먹으러 가자는 약속도 했었는데 아직 실현하지 못했다. 실현하지 못한 이유는 간사 직책을 맡은 내가 추진하지 않아서······. 빨리 추진해야겠다. 기모노 입은 여자들이 '도라야'^{『주말엔 숲으로』에 상사의 지시로 마유미가 이곳의 양갱을 사러 가는 장면이 나온다. 일본의 전통 과자점으로 긴자에 본점이 있다} 본점에 모여서 화과자를 먹는 것도 괜찮겠네, 생각만 하고 아직 알아보지 못했다. 2, 3일 안에 해야지.

그다음은 그래, 와이어 브래지어도 손빨래해야지. 우리 집에서 돈지루^{돼지고기 된장국} 모임 하자고 말만 꺼내놓고 아직 하지 않은 것도 마음에 걸리고, 푸석푸석한 머리도 자르러 가야 하고.

그리고 일도 하고 싶다. 만화 연재는 쫓기는 기분이 들어서 피해왔지만, 해보자! 하고 마음먹고 연말부터 세 군데의 연재를 맡기로 했다. 두 군데에서 에세이 연재 의뢰도 들어왔는데, 주제가 매력적이어서 마음은 이미 하는 쪽으로 기울었다. 그렇다, 12월에 겐토샤에서 창간하는 문예지 〈진저에일〉에서 에세이와 만화 연재를 시작하여 바로 좀 전에 원고를 택배로 보낸 참이다. 어떤 책일까? 기대되네.

아직도 더 일할 수 있을 것 같은 기분도 든다. 그렇지만 이 정도가 딱 좋다.

집안일도, 여가도, 일도, 똑같이 소중하게 생각하며 살고 싶다.

선물 교환

여자들끼리 맛있는 것 먹으러 가자!

하는 모임이 해마다 늘고 있다. 구태여 '여자들끼리'라고 하지 않아도 여자들끼리 모이지만, 그 말을 넣으면 괜히 더 설렌다.

예약해둔 레스토랑. 모두 같이 건배를 마치면 반드시라고 해도 좋을 정도로 시작되는 여자들의 습관이 있다. 선물 교환이다.

"이거 홋카이도에서 산 기념품이야, 자, 받아."

"나는 신주에서 산 것."

가방 속에서 주섬주섬 꾸러미를 꺼내 나눠주기 시작한다.

여행 기념품뿐만이 아니라 집 근처에서 산 쿠키라든가, 본가에서 보내온 국수, 팬시 매장에서 발견한 편지지 등으로 테이블 위가 푸짐해진다.

중요한 건 받은 것을 바로 가방 속에 넣지 않기. 눈앞의 물건들을 화두로 오늘의 수다가 시작되기 때문이다.

"홋카이도 어땠어? 하코다테 간 거야? 초밥은 먹었어?"

"이 쿠키 상자 귀엽네. 가게가 어디 있어?"

아직 요리도 나오지 않았는데 다들 수다 떨고 싶은 마음에 몸을 점점 앞으로 내민다.

문득 생각한다. 남자들은 모이면 대체 어떤 화제부터 시작할까? 선물을 주고받는 분위기는 아니던데……. 뭐 할 얘기들이 많겠지. 괜한 오지랖이야.

초등학교 때 쉬는 시간.

여자아이들끼리 집에서 갖고 온 예쁜 색종이를 서로 교환하는 것이 큰 즐거움이었다. 어른이 된 지금도 그런 짓을 하며 즐기고 있다. 교실의 남자아이들은 그 무렵, 슈퍼카 지우개를 볼펜 스프링으로 날려서 쟁탈전을 벌였다. 따기도 하고 잃기도 하는 것보다 교환하는 쪽이 확실할 텐데. 어린 나는 색종이를 정성껏 포장하면서 그런 생각을 했었다.

상대가
갖고 돌아갈 때의 일도
생각합니다.

일정을 넣지 않는 날

　최근 2개월 동안 평일에는 거의 일정이 차 있어서 집에 붙어 있을 새가 없었다.
　일정 중에는 친구와 점심 먹기나 피아노 배우기, 병원 가기처럼 작업과 관계없는 것도 있었지만, 이런 날들이 계속되니 여유롭게 생각할 시간이 없구나 싶어서 불안해졌다.
　생각하는 일은 중요하다.
　아무리 사소한 일이어도 마음에 걸리는 게 있으면 내 속에서 돌아볼 시간이 필요하다.
　이를테면 그 사람에게 그런 식으로 말하는 게 아니었어, 실수했네, 싶은 일이 있어도 줄줄이 일정이 밀려 있으면 뭐, 됐어, 벌써 지난 일인 걸, 하고 넘기게 된다.

이 '지난 일'이라고 생각하는 시간이 너무 빠르면 같은 실수를 되풀이하게 된다는 것. 혼자서 낑낑거리며 후회할 시간을 어느 정도 확보해두지 않으면 사람과의 관계도 소홀해진다.

그건 좋지 않다. 그런 소홀한 관계는 작은 흔들림에도 주저앉게 된다.

그럼 어떻게 하면 좋을까?

그래, 일정을 넣지 않는 날을 미리 일정에 넣어두면 되지 않을까?

나는 달력을 책상에 올려놓고 한 주에 이틀, 일정을 넣지 않는 날을 만들어보았다. 일주일 중 이틀은 생각을 하거나 자리잡고 앉아 일을 하거나, 멍하니 있거나, 책을 읽는 날로 하자. 물론 주말은 별도. 기본적으로 주말은 쉬는 날로 정하고 있으니까.

일단 적어두면 의외로 어떻게든 되는 법이라,

"그날은 약속이 있어서."

라고 하며 다른 날을 잡게 될 것이다.

오호라, 이거 괜찮네. 내년 달력에도 미리 일정을 잡아놓

아아지! 나는 펜을 들고 일정을 넣지 않는 날을 일정에 쓱쓱 넣었다. 이것으로 오케이. 간단한 일이었다. 시간이란 것은 거침없이 흘러가지만, 그러나 스스로 만들 수도 있다. 달력을 바라보고 있으니, 묘하게 편안한 기분이 들었다.

호스트 역할

오늘은 내가 돈을 내는 날이야!

목적지인 레스토랑에 가면서 몇 번이고 다짐했다.

그날 밤, 나는 이번에 함께 일하게 된 지인을 두 명의 편집자에게 소개하는 입장이었다. 식사를 제안한 것도 나다.

"앞으로 다들 열심히 합시다!"

어떡하든 이 모임을 멋지게 만들고 싶어. 훈훈한 식사 모임이 되도록 해야지.

그래서 며칠 전부터 레스토랑 선정에 바빴다. 무슨 요리가 좋을까? 어떤 분위기의 가게가 좋을까? 잡지만 보아서는 모르니 혼자 가게 앞에 가서 정찰도 해보았다. 일은 제

쳐놓았다. 심지어는 꿈에서까지 가게를 찾았다! 결국 그쪽으로 잘 아는 사람의 조언으로 이탈리아 레스토랑을 예약했다. 휴우.

그리고 당일.

"마스다 씨, 안쪽으로 들어가세요, 더 안쪽으로"

권해서, "아, 예, 예" 하고 4인석 테이블 구석에 앉아버린 나. 돈을 낼 사람은 보통 상석을 피하는데, 평소에 편집자가 그렇게 권하면 우물쭈물하는 것도 오히려 시간을 뺏는 일이라 미안해서 권하는 대로 자리에 앉아 버릇해서 무심코…….

안 돼. 이대로라면 내 호스트 역할을 빼앗기게 돼.

아냐, 아직 놓친 건 아니다. 내가 돈을 낼 권리를 쥐고 있다는 것을 알리기 위해,

"이쪽에 비싼 걸로 시켜요!"

코스 가격을 내 마음대로 정했다. 좋았어, 됐어. 이러면 다들 알아주겠지 생각했으나, 바로 형세가 바뀌었다. 와인을 주문하는 단계에서,

"아무거나 마음에 드시는 걸로 주문하세요."

편집자가 은근슬쩍 호스트 역을 맡는 것이다. 나는 와인

을 못 마시므로 그냥 맡기기만 하는 형편. 드디어 식사를 마친 후, 어떤 타이밍에서 계산하면 좋을까? 망설이는데, 편집자가 자연스럽게 계산을 했다.

아앗, 지금이 타이밍이었어!

내가 낼게요, 하고 황급히 말렸지만, 버스는 떠난 뒤.

네 명이면 3만 엔 정도 하려나? 생각했지만, 카드가 없는 나는 만일에 대비해 지갑에 6만 엔을 넣어두었다. 그런데 그 돈은 바깥 구경도 못 하고 말았다.

식사 모임을 제안하고 레스토랑을 고르고 코스 요리 가격을 정하고, 최종적으로는 얻어먹고 말았다. 이건 어른으로서라기보다 인간적으로 어떻게 보일까……. 돌아오는 길에 너무 창피해서 길바닥에 주저앉고 싶어졌다. 아직 멀었다. 나는 아직 한참 멀었어, 하고 비관하며 집으로 돌아왔다.

심야의 자유시간

여자 셋이서 야식을 먹고 돌아오는 길.

"슈퍼 한 바퀴 돌고 가지 않을래?"

"좋아, 가자, 가자!"

우리는 신 나서 슈퍼에 들어갔다. 모두 미혼이어서 밤의 자유시간은 넘쳐난다.

채소, 과일, 생선 판매대를 둘러보고 건어물, 드레싱, 간장, 된장, 차 진열대까지. 이런저런 수다를 떨다 한 곳에 멈춰 서서는 품평을 나눈다.

"이것 좀 봐봐, 이 마요네즈, 엄청 고급이야."

"우와, 비싸다~!"

"여기 봐, 이쪽 마요네즈 병, 피터래빗이야."

"귀여워라~"

일상생활 속에서 제각기 안고 있는 문제들이 있겠지만, 우리는 꺄악꺄악거리며 심야의 슈퍼마켓을 즐긴다.

마치 고교 시절 방과 후 같다.

학교에서 돌아오는 길, 친한 친구와 자전거를 타고 번화가로 나갔다. 노트를 사고 싶다는 친구가 있으면 그럼 예쁜 노트 찾으러 가자, 하고 다들 우르르. 이거 어때? 이쪽이 더 좋지 않아? 노트 하나 사는 것뿐인데 난리법석이다. 그러다 친구들과 헤어지고 혼자가 되면 나만의 걱정거리와 마주했다.

고등학교를 졸업하고 그럭저럭 25년. 우리는 그 시절 방과 후에 놀러 가던 것처럼 심야 슈퍼를 즐기고 있다. 달라진 게 하나도 없어, 라고 말하고 싶지만,

"이 간장 맛있더라!"

하고 가르쳐주어도 아무도 자기 장바구니에 담으려고 하지 않는 점이 중년이었다.

"어머나, 맛있겠다."

"정말, 정말."

일단 흥미를 보이면서도 오랜 세월 애용해온 자기 취향의 간장은 역시 바꾸기 어려운 것이다. 서로의 역사를 인정하면서 다 큰 여고생들은 집으로 돌아갔다.

버버리 트렌치코트

버버리 트렌치코트가 갖고 싶었다. 해마다 갖고 싶다고 생각만 하다 올해 드디어 큰맘 먹고 사기로 했다.

백화점에 가서 버버리 매장에 들어갔다.

"저기, 트렌치코트 좀 보여주세요."

여기서는 주춤거리지 않고 직구 승부다. 젊은 점원이 어떤 유형을 원하는지 물어서 어떤 게 있어요? 되물었다. 색은 카멜과 검은색 두 가지라고 한다.

"그거, 가격은 같나요?"

"네, 같습니다."

음, 뭐로 하지. 오래 입을 거라면 카멜이 좋습니다, 라고 한다. 검은색은 색이 조금씩 옅어질 수도 있다고. 그러나 카멜을 입어보니 어울리지 않아서 검은색으로 결정했다.

그리고 검은색 중에도 '싱글'과 '더블' 두 가지 스타일이 있으며 '더블' 쪽이 정통파라는 것. 초보자인 나는 정통파가 무난할 것이다.

순식간에 검은색 더블 트렌치코트로 정하고 가격을 물었더니 한 벌에 14만 엔 정도. 비싸라. 앞으로 30년은 입어야지! 하고 맹세한다.

드디어 트렌치코트를 손에 넣고 룰루랄라하며 돌아서려는 찰나, 잠깐만, 잠깐만, 중요한 걸 잊어버릴 뻔했다.

묶는 법이다.

트렌치코트에는 허리 부분에 벨트가 달려 있다. 그걸 바르게 묶는 법을 들어두는 편이 좋지 않을까.

"벨트 묶는 법 좀 가르쳐주시겠어요?"

부탁했더니,

"맡겨 주십시오. 저희 본점에서 바르게 묶는 법을 가르쳐드리겠습니다."

바로 벨트 묶는 법 강의가 시작되었다.

"먼저 이곳을 이렇게 잡습니다. 그래요, 그래요, 그렇게요. 그다음, 이곳을 잡고, 이곳을 이렇게 해서……."

나는 점원이 시키는 대로 옷걸이에 걸린 코트로 특훈. 나 말고도 손님이 있었지만, 그런 걸 신경쓰다가는 엉터리 매듭법으로 돌아다니게 된다.

10분 동안 두 가지 스타일의 매듭법(본점 인증)을 습득. 고맙다는 인사를 하고 돌아서는 등 뒤로 상냥한 점원의 목소리가 울렸다.

"묶는 법을 잘 모르시면 언제든 와 주십시오~"
"아, 예. 고맙습니다."

꾸벅꾸벅 머리를 숙이며 버버리 매장을 뒤로했다.

12월

"만날 같은 얘기만 하고 있어."

어린 시절에 어른들 얘기를 들을 때마다 그런 생각을 했다. 어째서 매번 같은 말을 하는 걸까?

아빠나 엄마, 이웃 사람들이나 친척 모두. 나누는 대화란 게 언제나 춥네, 덥네 하는 얘기뿐이었다. 그런 어른들이 참으로 이상했지만, 어른이 되고 나서 나도 당연한 듯이 그러고 있다. 예를 들어 연말이라면 이런 식이다.

"이야, 일 년이 정말 눈 깜짝할 사이에 지나가네요! 10월이 지나는 즈음부터 세월이 떼굴떼굴 굴러가듯이 흘러가는 것 같아요. 정신을 차리고 보니 연말이네요. 설날에는 본가에 가세요? 아, 그렇구나. 신칸센 표는 끊었어요? 아아, 다행이네요. 업무 시작은? 아, 그렇군요. 그러고 보니 슬슬 연하장을 쓸 시기가 됐네요…….”

이번달 들어 이런 대화를 몇 번이나 반복했던가!

무의미하다고 하면 무의미한 대화다.

하지만 그런 수많은 무의미한 대화는 무의미하지 않은 대화를 위해 있는 편이 좋다. 무의미하지 않은 대화가 한층 돋보인다.

올해, 나는 '무의미하지 않은 대화'를 했던가?

했다고 생각한다.

가까운 사람들과 중요한 얘기를 했다. 업무상 몇 번인가 진지하게 얘기할 기회가 있었다. 타인과의 관계에서 지금 이 얘기할 때다! 하는 순간을 놓치지 않는 것이 중요하다. 그럴 때 어영부영 넘어가는 사람과의 교제는 아마 아무런 도움도 안 될 것이다.

새해가 되면 나는 또 무의미한 얘기를 할 테지. 하지만 내년에도 역시 누군가와 중요한 얘기를 할 수 있는 일 년이 되었으면 좋겠구나 생각한다.

앙앙 anan

   지금 발매 중인 〈앙앙〉은 책 특집호. '마스다 미리 씨의 작업현장 밀착!'이라는 제목으로 나도 등장한다.
   기사가 실린 잡지가 도착해서 되도록 냉정한 마음으로 펼쳐보기로 했다.
   내 작업실이 나온 페이지를 펼친다. 알고 있었지만, 화사함이 전혀 없다. 뭐지, 이 말할 수 없는 초라함은……. 아니, 물론 사진이 실물보다 훨씬 예쁘다. 사진작가가 아주 잘 찍어주었다. 실제로는 이 사진보다 훨씬 살풍경하니까.
   적어도 작업용 의자만이라도 임스 Eames 같은 존재감 있는 것으로 했더라면 좋았을걸!

보고 난 뒤에 머리를 감싼다. 내 의자는 이케아(IKEA)에서 산 조립식이다.

이어서 나의 패션을 체크한다.

음, 촌스럽다.

자택에서 작업하는 모습이니 외출복 같은 옷을 입으면 꾸민 것 같을 테고…… 싶어서 늘 입던 줄무늬 니트를 입었다. 당연히 세련과 거리가 멀다. 사진이 실린 곳은 천하의 〈앙앙〉이다. 줄무늬는 줄무늬이더라도 꼼데가르송이라든가 마리메코 같은 것을 사서 입었더라면 좋지 않았을까. 또 버스 떠난 뒤에 손 흔들기.

다음 페이지에는 업무 미팅 장면이 실렸다. 편집자와 같이 원고를 보는 사진이 한 장 있는데, 나는 헤어스타일에 노골적으로 힘을 주고 있다. 그도 그럴 것이 촬영을 위해 미용실에서 세팅한 것이다. 구불구불하게 웨이브를 넣고 뒷머리는 풍성해 보이게 부풀렸다. 사진이 작아서 자세히 보지 않으면 모르겠지만, 냉정하게 보면 그 애쓴 모습이 슬플 지경이다.

더 힘을 주었더라면 좋았을걸, 이러다가, 너무 힘을 줬어, 이러다가. 나는 대체 어떻게 하고 싶었던 걸까?

'마스다 미리 씨의 작업현장 밀착!'이라는 제목 앞에는 조그맣게 '인기작가'라는 글씨가 들어가 있다. 엄청나게 마음을 써주었다는 것을 절절히 느끼면서 부모님께 〈앙앙〉을 한 권 사서 보냈다.

가장 중요한 것

청소기를 사러 갔다.

내게는 아주 우울한 이벤트다.

기계에는 흥미가 없어서 무엇을 사야 좋을지 갈등하는 것이 귀찮다.

지금까지 사용했던 청소기는 스위치 하나로 온 방을 청소해주는 로봇형 청소기. 편하겠구나 싶어서 작년에 2만 엔 주고 샀는데, 사용하다보니 솔 부분이 개똥벌레처럼 돌돌 말려버렸다. 안경을 끼고 자세히 보면 덜 빨아들인 쓰레기도 보이고. 아마 내 손질법이 잘못되었을지도 모른다. 아니, 손질하지 않았지…….

그래서 이번에는 로봇형이 아니라 내가 직접 청소하는 일반 청소기를 사러 간 것이다.

시부야의 대형 가전매장.

청소기 코너에 가서 담당자에게 물었다.

"어떤 게 좋을까요?"

막연하게 묻는 내게,

"손님에게 무엇이 가장 중요한지가 우선입니다."

단호하다. 뭔가 인생에 관해 얘기를 주고받는 기분이 든다.

내게 가장 중요한 것이란?

곰곰이 생각해본다.

인생이라면 아마 사랑?

청소기라면 아마 간단한 것?

요즘 청소기는 쓰레기 종이팩을 사용하는 것과 사이클론형, 이 두 가지 중에 선택하는 거라고 한다.

종이팩은 손질은 간단하지만, 종이팩을 교환하거나 사러 가야 한다. 사이클론형은 솔로 내부 손질을 할 필요는 있지만, 그건 매번 하지 않아도 되는 것 같고, 평소에는 버튼 하나 눌러서 쓰레기를 휙 버릴 수 있다는 것.

음, 어느 것으로 하지. 생각한 결과, '버튼 하나로 휙'에 승

리의 깃발을. 할인된 가격으로 사이클론형 청소기를 샀다.

  집에 돌아와서 바로 사용해보니 카펫의 먼지도 잘 빨아들였다. 좀 무거운 것이 흠이지만······. 청소기에다 수예점에서 산 땡글땡글 '눈알'을 두 개 붙여보았더니, 아주 귀여운 얼굴이 되었다. 원래 이름 그대로긴 하지만, '청소기 군'이라고 이름도 지어주었다.

A코스

 평균 연령 40세인 여자 다섯 명이 점심을 먹으러 간다. 인기 레스토랑은 여성 손님으로 초만원. 가게 안에는 즐거운 웃음소리로 가득하다.

 메뉴를 펼친다. 가장 싼 A코스는 1,800엔. 전채, 파스타, 디저트와 커피. "이걸로 하자!" 가격이 비싼 다른 코스는 슬쩍 보기만 하고 다섯 명 모두 망설임 없이 A코스를 주문했다. 그러자 가게의 남자 직원이, "이 시간이라면 '여자모임'을 위한 실속 코스도 있는데, 어떠세요?"

 하고 다른 메뉴를 꺼내주어서 일동 "오옷?" 하고 몸을 내밀었다. 보니 실속 코스는 2,500엔. 채소 요리가 한 가지 더 많았다.

우리는 잠시 말이 없다. 기왕이면 유행하는 '여자모임'이라는 이름으로 실속을 챙기고 싶다! 생각했는데, 제일 싼 코스보다 가격이 비싸지면 실속이고 뭐고 없다. 이것이 우리의 금전감각이다.

"저기, 실속 코스 말고, A코스로 주세요……."

머뭇머뭇 실속 코스를 사양했다.

그런데 그 A코스. 전채 요리는 왜건에서 마음에 드는 것을 세 가지 고를 수 있었다. 와우, 어느 걸로 하지?

모두 들떠 있는데, "괜찮으시다면 제가 알아서 추천해드릴까요?"라고 하는 직원. 복잡한 가게 안. 다섯 명이 제각기 세 가지씩 고르면 시간이 걸린다고 판단한 것 같다.

그러나 우리는 "적당히 골라주세요!" 할 만큼 어른이 되지 못했다. "직접 고르고 싶어요!" 하고 전원이 거절했다. 옛날에 학교에서 돌아오는 길에 도넛 가게에서 도넛을 고를 때처럼 지금도 맛있는 것 앞에서 갈등하고 싶은 것이다.

'여자모임'이란 말의 유행이 끝나, 마흔이 넘은 우리를 여자라고 부르지 않게 된다 해도 우리는 여자의 조각을 가슴에 남긴 채 나이를 먹어갈 것 같다.

'여자'만 사용하고,
아이는 사양할게요.

말할 경우, 말하지 않는 경우

가끔 보는 불친절한 점원. 끝까지 계속되는 불친절함. 대체 어떻게 대처하면 좋을까? 아직 정답을 모르겠다.

얼마 전에도 있었다. 점심을 먹으려고 가게에 들어갔더니 여성 점원이 안에서 나왔다. "어서 오세요"하는 인사도 없는데다 또 달리 손님도 없어서 혹시 점심시간이 끝났나 하고,

"아직 괜찮아요?"

물었더니 무뚝뚝한 얼굴로 한 마디.

"앉으세요."

말투에 가시가 있다.

이 사람, 왜 화난 거지?

놀라서 보고 있으니 그녀는 귀찮은 듯이 말했다.

"그러니까 앉으라고요."

그러니까 앉으라고요? 이런 접객 태도라니. 나는 화가 나서,

"아, 됐습니다."

웃는 얼굴로 말하고 가게를 나왔다. 그리고 바로 후회했다. 한마디 해주고 나왔더라면 좋았을걸! 한참 씩씩거렸지만, 다른 가게에서 점심을 먹고 나니 기분이 좀 풀렸다.

같은 날, 선물할 과자를 사러 들른 가게에서 또 계산대 점원의 태도가 기분 나빴다. 물건을 던지듯 건네는, 정말 불친절한 점원이었다. 그러면서 옆 계산대에 있는 남자 점원과는 웃는 얼굴로 수다를 떨어서 그게 한층 짜증나게 했다. 좋아, 이번에는 한마디 해주자.

"아주 안 좋은 접객 태도군요."

돈을 내면서 말해보았다. 그쪽은 무언. 나는 과자를 받아들고 가게를 나왔다. 그리고 생각한다. 한마디 해보아도 결국 기분 나쁜 건 마찬가지구나.

말하나 말하지 않으나 똑같네. 다음날에도 한번 더 곰곰

이 생각해보았지만, 역시 말하지 않았던 쪽이 마음에 더 남는 것 같았다.

그렇다면 이번에는 '중얼거리기'는 어떨까? 다 들리도록 혼잣말로 "기분 나쁘네" 하고 중얼거려보자. 좋아, 다음에 시험해보기로 해야지. 아니, 아니, 그보다 '일단 심호흡'이 좋을지도 모르겠지만.

14세×3회

일 문제로 한번 만나고 싶다고 온 편지에서 상대편은, '14세를 2회 산 젊은이입니다' 하는 문장으로 자연스럽게 스물여덟 살이라고 얘기하고 있었다.

뭔가 부럽네, '젊은이'라는 말.

봉투에 편지를 다시 넣으면서 살짝 애달픈 마음이 들었다.

14세를 3회 산 42세의 나도 '젊은이'란 말을 사용하지 못할 것은 없다. 하지만 기본적으로 사용하지 않는 나이다.

돌이켜 생각해보면 나는 스물여덟 살 때, '신인'이라는 말을 엄청나게 자주 사용했다.

아직 한참 신인입니다, 열심히 하겠습니다!

신인이라는 말을 하는 것만으로도 어떠냐, 나는 젊다, 미래가 있다고, 하는 자신만만한 기분이 들었다.

당시는 같이 일하는 사람들 전부 연상이어서,

"미리짱, 미리짱."

하고 부르며 귀여워해주었다.

지금은 "미리 씨"와 "마스다 씨" 반반 정도. 아니, "마스다 씨"가 약간 많을지도 모르겠다. "미리 씨"라고 부르지 않게 될 날을 막기 위해, 차라리 필명을 'MIRI'로 바꾸는 건 어떨까? 생각하면서 스물여덟 살의 청년 편집자가 지정한 하라주쿠의 카페에 갔더니, 어디로 들어가야 할지 모를 만큼 세련된 가게여서 두근두근. 세련된 가게는 대부분 복잡하다.

다즐링 티를 마시면서 자기소개. 그리고 일 이야기. 그는 미팅 후, 아쿠타가와상과 나오키상 수상 파티에 간다고 했다.

"입식 파티는 편집자도 요리를 먹어도 돼요?"

궁금해서 물어보았더니 적당하게 먹는 건 괜찮은 것 같다고 한다.

좋겠네요, 몰래 들어가서 나도 먹고 올까요? 하고 묻는 나는 명백히 '젊은이'가 아니라고 생각했다.

어른 취급

 시부야에 가면 길거리에서 별의별 것들을 나누어준다. 여행 팸플릿, 자외선차단 크림 견본품, 콘택트렌즈 할인권, 기타 등등. 전부 받으면 가방 속이 빵빵해지므로 필요한 것만 받는다.

 그중에는 젊은 여성들에게만 나눠주는 휴대용 티슈나 전단도 있다. 광고 대상이 그렇게 한정된 것이리라.

 나눠주는 사람은 대부분 젊은 남성이다. 그들은 끊임없이 흘러가는 인파 속에 서서 순식간에 '이 사람, 줘야 할 사람. 이 사람, 주지 않아도 될 사람'을 판단한다.

 그들 앞을 지날 때, 나는 매번 시험에 떨어진 것 같은 기분이 든다. '주지 않아도 될 사람'으로 분류되기 때문이다.

불과 3, 4년 전까지는 떠맡기듯이 해서 받았던 티슈였는데 지금은 거들떠봐주지도 않는다. 내 마흔두 살의 외모에 무슨 일이 일어난 걸까? 아주 가끔 "여기요" 하고 내밀 때가 있으나 받으려고 하면 "앗, 실수했네" 하는 얼굴로 뒤로 물러난다. 합격을 취소당한 것 같은 어이없음이다. 티슈나 전단이 탐나는 게 아니라, 젊어 보이려고 애쓴 노력이 통하지 않는다는 사실에 통탄하는 것이다.

그러고 보니 최근 유럽에 갈 기회가 있었는데, 미술관 입구에서 "학생입니까?" 하고 묻지 않았다. 학생이라면 할인이 된다. 동양인은 어려 보여서 서른 살이 넘어도 확인을 하는데, 이제 완전히 어른 취급이었다.

그러나 초봄의 나는 미묘하게 다르다. 꽃가룻병으로 대부분 마스크 차림이다. 시부야 거리를 마스크를 끼고 걸어다니면 젊은 여자용 티슈를 받을 수 있다.

내 눈가는 아직 젊구나! 마스크로 가려진 눈 아랫부분은 나이만큼 보인다는 사실을 잠시 잊고 기뻐했다.

조용히 두자

도쿄의 자택에서 컴퓨터 앞에 앉아 있는데 덜덜덜덜덜 하는 작은 흔들림.

아아, 또 지진이네.

완전히 익숙해졌다. 사실은 매번 무섭다고 생각해야 하는데.

곧 진정될 거라 생각하고 그대로 의자에 앉아 있는데, 흔들림이 점점 세졌다. 게다가 좀처럼 진정되지 않았다.

어쩌면 큰 지진일지도 모른다. 앗, 하고 놀라서 현관으로 달려갔다. "지진으로 문이 일그러져서 열리지 않는 일도 있는 것 같아." 엄마가 했던 말이 떠올라 현관문을 열고 고

정했다.

흔들림은 뜻밖에 길게 계속되었다. 가스도 사용하지 않고, 무조건 가만히 기다렸다. 테이블의 꽃병이 쓰러져 물이 쏟아졌다.

마음을 가라앉힌 뒤 텔레비전을 켜니 도호쿠에서 대지진이 일어났다. 바로 휴대전화를 윗주머니에 넣었다. 내 휴대전화에는 조그마한 피리가 달려 있다. 재해 때, 만에 하나 건물에 갇힐 때를 대비해서다.

창밖에 화기가 없는가 확인했다. 괜찮다. 침실에는 방재용 가방이 있어서 옆에다 두고, 손전등 전지를 확인했다. 현관에 편한 운동화를 꺼내놓고, 방수 상의를 준비했다. 다시 텔레비전 앞으로 돌아가 부모님에게 '무사함'이라고 문자.

그다음은 뭘 하면 좋을까?

지금부터는 아무것도 하지 말고 있자. 문자나 전화가 꼭 필요한 사람이 많을 테니 조용히 두는 것이 좋겠다고 생각했다.

생활을 재점검하다

매일 절전을 하는 날들이다.

일단은 사용하지 않는 플러그를 뽑는다. 꼼꼼하게 전기를 끈다. 전부터 해오던 일이지만, 이를테면 목욕한 뒤 드라이어를 쓸 때도 불을 켜지 않아도 될 것 같아서 어둠 속에서 머리칼을 말린다. 머리칼은 명암과 관계없이 마른다.

발이 시린 밤에는 털실 양말과 수면 양말을 두 켤레 신는다. 두꺼운 웃옷을 껴입으면 난방을 틀지 않아도 문제없다.

그리고 밥. 지금까지는 랩에 싸서 냉동해둔 것을 먹기 전에 전자레인지로 데웠지만, 이것을 자연 해동하기로 했다. 아침밥은 자기 전에 냉동실에서 꺼내둔다. 저녁에 먹을 밥은 볕이 좋은 오후에 꺼내둔다. 또는 찜이나 된장국을 끓일 때, 냄비 뚜껑 위에 그 밥을 올려두면 열이 전해져서 해동 후에 다시 데울 필요도 없다.

그다음은 차. 아침에 끓인 것을 보온이 되는 커다란 물통에 담아두면 자주 주방의 불을 켜서 끓일 필요도 없다.

석간신문도 창가에 가서 읽으면 불을 켜지 않아도 밝고, 휴대전화도 잘 때는 사용하지 않으니 전원을 꺼두기로.

이것으로 얼마나 도움이 되었을까?

조금은 도움이 되었을까? 계획 정전이 끝나도 이 정도의 절전은 계속해야겠구나 생각했다.

눈을 뜨면 또 미지의 하루

 오사카에서 일이 일찍 끝나, 시간이 있으니 벚꽃이라도 보고 오기로 했다. 자, 어디로 갈까.
 오사카성 공원은? 아, 그거 좋네. 그렇게 하자.
 동행한 편집자와 함께 오사카 역에서 환상선環狀線을 타고 오사카성 공원으로 향했다. 짐은 역의 사물 보관함에 맡겨두어서 주머니 속에는 지갑과 휴대전화뿐이다. 평일 한낮, 빈손인 어른 두 사람.
 오사카성 공원의 벚꽃은 마침 딱 보기 좋게 만개했다. 일단 휴대전화로 사진을 찍었다.
 기왕 온 김에 오사카성에도 올라가보았다. 출장 오기 전에 도쿄에서 사소한 말썽이 있었으나 해결하지 못한 채 와서 마음이 찜찜했지만, 오사카성 꼭대기에서 봄바람을 맞고 있으니 기분이 활짝 갰다. 하지만 '다 털어버리자'라고는 생각하지 못하는 고집스러운 나.

경치를 만끽한 뒤에는 성 안의 전시물을 둘러보며 견학했다. 설명 패널을 읽다가 어려운 한자를 만났다. '蟄居.' 이거 어떻게 읽어요? 옆에 있던 편집자에게 물어보니 "칩거입니다"라고 바로 대답해주었다. 무사에게 근신 형벌을 줄 때 사용하는 것이라고 했다. 대단하다. 일본어 설명 아래 영어 설명이 있어서 감탄한 김에 "칩거는 어느 부분이에요?" 물어보았다. "음, 여기 같은데요." 영문을 줄줄 읽더니 무리 없이 찾아냈다. 정답인지 아닌지는 모르지만, 대단해요! 하고 또 감탄.

오사카성을 나온 뒤에는 배가 살짝 고파서 포장마차에서 다코야키를 먹었다. 반나절을 함께 있으니 더 할 말도 생각나지 않고 "맛있네요, 맛있어"라는 말만 주고받았다.

그리고 나는 영화 〈타이타닉〉의 디카프리오 대사를 혼자 조용히 떠올렸다.

더 행복한 것은 하루하루가 예측 불가능이며,

누굴 만날지도 모르고 어딜 갈지도 모른다는 거죠.

인생은 축복이니 낭비하면 안 되죠.

내 바로 옆에는 번쩍거리는 오사카성. 밤하늘에는 아름다운 초승달. 활짝 핀 벚꽃과 뜨거운 다코야키.

아침에 눈을 떴을 때는 상상도 못 했던 하루. 이런 유쾌한 하루가 앞으로의 인생에도 분명 많이 있을 거라고 기대해보는 건 기분 좋은 일이었다.

수짱

　이름을 짓는 것은 즐거운 작업이다. 만화 주인공 이름. 반짝하고 떠오를 때도 있고, 그리기 시작한 뒤 한참이 지나도 좀처럼 정하지 못할 때가 있다. 등장인물이 살아온 배경을 생각하며 이 사람은 초등학교 때 친구한테 성으로 불렸을까, 아니면 이름으로 불렸을까? 그런 걸 상상하면서 인물상을 완성해간다.

　내 만화 중에 '수짱'이라는 여성이 있다.

　수짱은 처음에 얼굴을 그리는 순간부터, "이름은 수짱이야!"라고 생각했다.

　부드럽고, 섬세한 여성 같은 느낌이 들었다. 그것은 내가 좋아했던 캔디스70년대에 활동한 3인조 걸그룹의 수짱 이미지이기도 했다.

나는 핑크레이디70년대 후반에 활동한 여성 듀오 아이돌에 빠졌던 세대지만, 캔디스는 인기 프로그램 〈8시다! 전원집합〉에서 보고 알았다.

란짱, 미키짱, 수짱. 콩트 속에서 언제나 좀 재미있는 역할을 맡는 것은 수짱이었다. 연상의 언니지만 친근감이 있어, 차례대로 뜀틀넘기 콩트를 할 때,

"오늘은 수짱이 성공하기를!"

두근거리는 마음으로 텔레비전 앞에서 응원했다. 수짱은 실패해도 언제나 웃는 얼굴이었다.

캔디스 해산 후, 수짱은 다나카 요시코 씨가 되었다. 무슨 드라마였더라. 전화하면서 훌쩍훌쩍 우는 장면을 보았을 때, 참 멋진 배우구나 생각했다. 나도 따라서 울었던 기억이 난다.

내 만화의 수짱 본명은 모리모토 요시코다.

"캔디스의 수짱과 이름이 같으니, 너도 수짱 해라."

친척 아저씨한테 그런 말을 듣고 자란 여자아이라는 설정이다. 그래서 분명 나의 수짱도 캔디스의 수짱을 좋아할

것이다.

어젯밤 다나카 요시코 씨가 세상을 떠났다는 뉴스를 듣고 슬펐다. 정말로 슬펐다.

수짱, 좋아했습니다. 당신의 이름 잘 쓰겠습니다.

우리 세대의 노래

얼마 전, 텔레비전에서 '노래다방' 특집을 했다. 가라오케가 등장하기 전에는 손님들이 전부 같이 노래를 부르는 다방이 있었다고 한다. 방송에서는 아직 남아 있는 노래다방을 찾아서 소개하고 있었다.

그런 노래다방과 친숙한 세대를 위해 버스투어가 인기라나 하며, 취재 풍경도 방송에 나왔다. 투어 도중에는 전원에게 가사 카드를 나눠주어 버스 안에서 그리운 가요를 합창했다. 모두 활기 넘치는 얼굴이었다.

"엄청 즐거워 보여서 부러웠어."

며칠 전 내 또래 여성 두 명과 밥을 먹으면서 그 말을 했더니, 우리 세대라면 어떤 노래를 부를까? 하는 얘기로 분위기가 고조되었다.

"핑크레이디 아닐까?"

"나, 안무 붙여서 노래할 수 있어!"

"마쓰다 세이코 노래도 부르고 싶네."

"좋았지, 마쓰다 세이코!"

"정말 귀여웠지."

"마쓰다 세이코 머리 모양 흉내내고 그랬었잖아."

핑크레이디도 마쓰다 세이코8,90년대 일본의 최고 여성 아이돌, 지금도 영원한 아이돌로 꼽힌다도 신곡이 나올 때마다 친구들과 경쟁하듯이 외웠다. 가요 프로그램이 시작되면 텔레비전 앞에 진을 치고 앉아 필사적으로 가사를 받아 적었다. 이때만큼 '속기를 배우고 싶다'고 진지하게 생각한 적이 없다. 쓰는 도중에 엄마가 부엌에서 말을 걸면 마구 화를 냈던 것이 몇 번이었던가……. VCR은 아직 고급품이었을 때다.

그러고 보니 전에 노인 요양원에서 일하는 분과 얘기할 기회가 있었는데, '노래'란 참 굉장하구나 생각했다. 그림이나 꽃꽂이 등, 다양한 레크리에이션 시간 가운데 가장 인기는 노래 시간이라고 한다. 젊은 날에 흥얼거리던 노래를 많은 분들이 다 기억하고 계세요, 라고 그분은 말했다.

"우리는 아마 그때 핑크레이디와 마쓰다 세이코를 부르겠지."

식후 디저트를 입안 가득 넣고 서로 끄덕였다.

흙 냄비

흙 냄비로 밥을 지으면 그렇게 맛있다는 친구 얘기를 듣고 줄곧 염두에 두고 있었지만, 밥 짓기가 어렵고 귀찮을 것 같아서 선뜻 살 마음을 먹지 못했다. 그러다 우연히 간 도기 시장에서 흙 냄비 가격을 보니 2,500엔. 의외로 쌌다. 흙 냄비로 밥을 하면 절전도 되겠구나 싶어 얼른 사서 돌아왔다.

참고로 이 흙 냄비는 미에 현의 반코야키. _{미에 현 욧카이치 시에서 주로 생산되는 얇고 단단한 도자기} 까슬까슬한 촉감에 볼록하고 귀엽게 생긴 흙 냄비다.

바로 밥을 지어보았다.

점원 청년에게 들은 대로 쌀을 씻어서 바로 흙 냄비에 넣고 중간 불에 끓이다가 뚜껑 구멍에서 김이 나기 시작하면 불을 끄고 5분 정도 뜸을 들였다. 자, 완성, 아주 간단하네! 생각하고 열어보았더니 쌀이 질척하고 설익었다. 할 수 없이 용기에 옮겨 전자레인지에 돌려서 먹었다.

다음날 아침은 쌀을 씻어서 조금 불렸다가 밥을 해보았다. 그랬더니 한결 좋아졌지만, 흙 냄비에 밥이 눌어붙어서 잘 퍼지질 않았다.

뜸 들이는 시간 5분은 짧은가.

그래서 저녁에는 15분 동안 뜸을 들여보았다. 그랬더니 흙 냄비에 밥도 붙지 않고 깨끗이 퍼졌다.

이런저런 시행착오 끝에 지금은 아주 맛있는 밥을 지어 먹고 있다. 쌀을 오래 불린 다음, 중간 불로 밥을 짓다가 뚜껑에서 김이 나기 시작하면 그때부터 약한 불로 3분. 불을 끈 뒤에는 20분 정도 뜸을 들인다. 그러면 기름이 잘잘 흐르며 아주 맛있는 밥이 완성된다.

이렇게 해서 흙 냄비 밥에 기분이 좋아진 나는 또 한 가지, 전부터 마음에 담고 있던 일을 시작했다. 그것은 '초록색 커튼 달기.' 고야 묘목을 사와서 베란다에 재배 중이다.

초록 커튼 달기

　황금연휴에 심은 베란다의 고야 묘목이 경이로운 속도로 자라고 있다. 줄기가 순조롭게 줄을 감으며 쑥쑥 자라서 높이 1미터. 이 감겨 있는 모습이 정말로 사랑스럽다. 바람이 세찬 밤에는 빙글빙글 감긴 넝쿨이 떨어지지 않을까 걱정되어 자주 확인하러 갈 정도. 지금은 제법 탄탄하게 감겨 있어서 안심해도 괜찮을 것 같다.
　최근에 이 고야에 노란 꽃이 피었다.
"와우, 꽃이다!"
　기뻐한 것도 잠시, 다음 날 보니 꽃은 플랜트 흙 위에 뚝 떨어져 있었다.

어째서지, 물이 적었던 걸까?

무언가를 키우는 건 처음이어서 정답을 알 수 없었다. 마침 작업 미팅을 하다 그 얘기를 했더니, 고야를 키워본 경험이 있는 여성이 가르쳐주었다.

"수꽃은 바로 떨어지지만, 이제 곧 암꽃이 피면 꼬마 고야 같은 것이 자라기 시작해요."

아하, 그렇구나. 안심했다.

그리고 이런 것도 메일로 가르쳐주었다.

빨갛게 익기 시작하면 열매가 깨지며 안에 있는 씨가 보이기 시작할 거예요. 그때 씨 주위의 빨간 부분이 달고 맛있으니 꼭 먹어보세요!

고야가 달콤하다니 무슨 얘길까? 모르는 것 천지다. 꼭 시험해봐야지.

뜻밖에도 주위에는 벌써 몇 년 전부터 이 '초록 커튼'을 달기 시작한 사람들이 많아서 오오~ 하고 감탄했다. 난 해마다 언젠가 먼 미래에 해보아야지, 라는 생각만 하고 있었는데······.

귀찮을 것 같아서 엄두를 못 냈으나, 막상 해보니까 물만 주면 되니 아주 간편했다. 요즘은 전철을 타고 가다가 창밖을 보면서,

"저 집, 툇마루에 초록 커튼을 달면 시원할 텐데."

하고 남의 집 걱정까지 하고 있다.

'건방' 졸업

'건방지다'라는 말은 어린 친구들을 위한 것이구나.

요즘 들어 그런 생각을 하게 되었다. 20대 때는 건방진 소리를 하면 재미있어 해주는 어른들이 많았다. 아무런 실적도 없으면서,

"그런 일은 하고 싶지 않습니다. 그렇지만 이런 일이라면 하고 싶습니다."

지금 생각하면 어이가 없을 만큼 내 의견을 분명히 말했다.

일러스트레이터가 되려고 마음먹고 훌쩍 상경한 나. 아무것도 모르니 무서운 것도 없었다.

"당신, 의외로 자신이 넘치는군요."

나이가 한참 연상인 업계 사람들이 빈정거리듯 말하면,

"자신은 있습니다! 제 눈에는 미래라는 글자가 반짝반짝 빛나 보입니다!"

아이고, 뻔뻔스럽게 잘도 그런 소리를…….

인제 와서 식은땀이 흐른다.

그래도 젊음은 최고의 무기라고, 그럼 해보세요, 하고 일을 주는 어른들이 있었다.

그러나 이제는 '건방진' 소리를 할 수 없다. 어느새 함께 일하는 사람 대부분이 연하가 되었다. 작업하다 사소한 차이를 발견하고 "그게 아니죠" 하는 말만 해도, 우와, 화났어, 하고 겁을 내기 십상이므로 온화~하게 대하지 않으면 안 된다. 세월이 흐르면 '건방진 여자아이'는 '무서운 아줌마'로 바뀌는 것 같다.

'건방'은 내게서 떠나갔다. 두 번 다시 '건방'으로 돌아갈 수 없다.

그렇다고 해서 지금의 나는 어린 친구들의 '건방'을 전면적으로 수용할 만큼도 아닌, 아주 어중간한 나이이다.

50엔으로 2,000엔 절약하는 히트 상품을 사다

"전기요금이 2,000엔 가까이 줄었어요."

하는 말을 듣고 나는 가슴이 설레었다.

냉장고 냉기가 빠져나가지 않도록 문 안쪽에 비닐 커튼 같은 것을 붙이는 절약 상품. 한번 시험해봐야겠다고 생각하던 참에 지인이 그런 말을 해서 꼭 해봐야지! 다짐했다.

"저기, 그거 어디서 팔아?"

"100엔 숍에서요."

100엔 숍에서 파는 것이니, 당연히 가격은 100엔이다. 100엔이 2,000엔으로 바뀌다니 대단하다~

다음날, 나는 자전거를 타고 이웃에 있는 100엔 숍에 갔다. 그러나 주방 코너를 아무리 뒤져도 보이지 않았다. 가게 점원에게 어디 있는지 묻고 싶었지만, 그 상품의 이름을 몰랐다. '냉기 보호 커튼'쯤 되려나?

할 수 없이 길게 설명하기로 했다.

"저기요. 냉장고 냉기가 도망가지 않게 하는……"

까지 설명했을 때, 점원은 "아, 그거 다 팔렸습니다" 하고 미안한 듯이 말했다.

아뿔싸! 그런 인기상품이었다니.

일주일 뒤에 재입고 된다고 했지만, 어떡하든 오늘 꼭 손에 넣고 싶었다. 그래서 다시 자전거를 타고 다른 100엔 숍을 찾아갔다. 그러나 아마 다 팔렸을 것이다. 이제 와서 조바심 내봐야 늦었을지도 모른다.

일단 물어보았다.

"실례합니다, 냉장고 냉기가 도망가지 않도록 하는……"

"아, 예, 예. 이쪽입니다."

대량으로 있었다.

집에 돌아와서 봉지에서 꺼내보니, 웬걸, 두 장이나 들었다. 그렇다면 단돈 50엔으로 2,000엔을 절약하게 된다는 게 아닌가(냉장고 크기에 따라 다르겠죠?).

한쪽 끝에 있는 접착 실^(seal)을 벗기고 냉장고 안에 착 붙여보았다. 과연 냉기가 도망가기 어렵겠다. 이렇게 간단한 상품이 참 기특한 일을 하는구나.

그런데 상품명이 뭐지?

포장지에는 '쿨 킵 커튼'이라고 쓰여 있었는데.

도넛 가게에서

갑자기 도넛이 먹고 싶어서 도넛 가게에 들어갔다.

어느 것으로 할까나. 진열장을 들여다보면서 진지하게 생각한다. 먹고 싶으면 두세 개 정도 살 수 있는 동전이 지갑에 있지만, 열량을 생각하면 역시 한 개. 이 한 개로 만족스럽다! 라고 할 수 있는 도넛을 골라야 한다고 생각하니 무척 망설여졌다. 그렇지만 결국 먹고 싶은 도넛보다 열량이 적어 보이는 도넛을 고르게 되니, 무언가 성이 차지 않는다.

고등학생 시절에 도넛 가게에서 아르바이트할 때는,

"오늘은 휴식 시간에 어떤 걸 먹을까?"

그 생각만 하다 휴식 시간이 되면 먹고 싶은 도넛으로 머리가 꽉 찼다. 이것도 사고 저것도 사다 시급만큼 먹어버린 일도 종종.

도넛을 한꺼번에 서너 개씩 먹었던 그 시절의 나에게서 한참 멀리 왔구나, 새삼 감개무량해하며 도넛 가게에서 잠시 쉬고 있는데, 옆자리에 젊은 엄마와 어린 딸이 와서 앉았다. 네다섯 살 정도 됐을까.

여자아이는 자기 얼굴만 한 초콜릿 도넛을 덥석 물었다. 귀엽구나 하고 곁눈으로 보고 있는데, 그 아이가 갑자기 울음 섞인 목소리로 말했다.

엄마는 자리에 앉았을 때부터 줄곧 문자를 찍고 있었다. 도넛에는 손도 대지 않은 채.

문자 찍는 걸 그만둘까, 아니면 계속할까. 나는 조마조마했다. 여자아이의 목소리가 엄마에게 들렸으면 좋겠다고 생각했다.

엄마는 문자 찍던 손을 멈추고,

"그래, 그래. 알았으니까 어서 먹어."

그렇게 말하고 여자아이의 입가를 부드럽게 휴지로 닦아준 뒤, 휴대전화를 가방에 넣었다.

나는 그 광경을 보면서 어린 나를 떠올렸다.

어린 시절, 엄마가 텔레비전 드라마를 보면서 건성으로 대답하는 것 같을 때, 곧잘 방해했었다. 관심이 내게 쏠리지 않으면 화가 났다. 화가 나고 외로웠다. 엄마는 집안일 하다 잠깐 쉬는 것이다. 텔레비전쯤은 여유롭게 보고 싶었을 텐데, 나는 굳이 내가 그린 그림을 보여주려고 텔레비전을 떡 가리고 섰다.

그 시절에 휴대전화가 있었더라면 나도 분명,

"엄마, 휴대전화 보지 마!!"

라고 했을지도 모르겠다. 그런 생각을 하면서 도넛을 입안 가득 베어 물었다.

어른 놀이

"다들 오코노미야키라도 먹으러 갈까?"

친한 친구 여러 명과 시부야에 나갔다. 이른 시간부터 먹기 시작한 탓에 배가 빵빵해서 가게를 나왔는데도 아직 8시밖에 되지 않았다. 밤은 이제부터다.

"얘들아, 운동하고 싶지 않니?"

누군가가 말을 꺼내서 그럼 탁구를 칠까 하고 탁구장으로. 중년 남녀 여덟 명. 우당탕탕 탁구를 치는데 정말 재미있다. 두 시간쯤 놀았을까.

"내일 어디에 근육통이 생길지 짐작도 안 가네."

하면서, 탁구장 의자에 줄줄이 걸터앉아 자동판매기의

세븐틴 아이스^{제과회사 에자키 글리코가 80년대에 히트시킨 자판기용 아이스크림}를 먹었다.

고등학교 때는 이 아이스크림을 몇 개나 먹었는지 모른다. 자전거로 통학해서 여름에는 땀투성이다. 학교에서 돌아오는 길, 친한 여자아이들과 편의점 앞에 서서 꼭 이걸 사 먹고 더위를 식힌 뒤 집에 돌아왔다.

세븐틴 아이스. 우리가 먹는 것이 가장 어울린다고 믿고 있다.

그러나 몇 살에 먹어도 역시 맛있다. 시부야의 탁구장은 만원이어서 한껏 즐거워하는 다른 팀을 보면서 나란히 아이스크림을 먹었다.

탁구가 끝난 뒤에는 최신 스티커 사진을 찍어보자 하고 게임센터로. 요즘 스티커 사진은 얼굴이 딴사람처럼 나온다. 눈이 엄청 커지고 피부도 새하얗고 매끈매끈. 주름 같은 건 전혀 없는 사진으로 완성된다. 그런데 어째서일까, 누구 하나 20대로는 보이지 않았다.

"어디가 젊은 애들하고 다른 걸까?"

고개를 갸웃거리면서도 눈이 커지고 피부도 뽀얗고 매끈매끈해진 것이 기뻐서 나는 휴대전화 뒤에 착 붙여두었다.

그 후, 선술집에서 한 잔 마시고 집으로 돌아온 것은 새벽 2시가 지나서.

실컷 놀았다. 실컷 놀 것 같은 예감이 들어서 다음 날에는 마사지 예약을 해둔 용의주도함. 당연하지, 이제 열일곱이 아닌걸. 열일곱 살로는 돌아갈 수 없다. 어른으로 지내는 것도 즐거워서 별로 돌아가고 싶진 않지만.

귀향

오사카의 여름은 정말 더운데. 망설였지만 역시 본가에 내려가기로 하고 아슬아슬하게 신칸센 예약. 8월 13일 아침, 선물을 안고 시나가와 역으로 향했으나, 자세히 보니 내가 들고 있는 것은 하루 전 차표. 잘못 산 것이다. 할 수 없이 다시 특급권을 사서 도쿄에서 오사카까지 서서 가게 되었다. 어른이 되어서 아직도 이런 실수를 하는 자신에게 질려버렸다.

본가에 가서도 특별히 하는 일은 없다. 엄마가 만든 음식을 먹고, 텔레비전으로 고교야구를 보며 뒹굴뒹굴. 연장전에 들어가서 한창 볼 만할 때 타이거즈 팬인 아버지가 채

널을 프로야구로 돌려서 투닥거리고. 그런 흔한 일상으로 보낸 3일. "그럼 설에 또 올게요."

도쿄로 돌아오는 신칸센에서 나는 코가 찡해지는 안타까움에 잠겼다. 집에 내려갈 때마다 누군가가 세상을 떠난 소식을 듣게 된다. 소꿉친구의 엄마, 목욕탕집 아주머니, 이웃집 아저씨. 모두 어린 시절의 나를 잘 아는 사람들이다.

언제나 다정하게 대해주고, 재미있는 말로 웃겨주었다. 날이 어둑해지도록 밖에서 놀고 있으면 "얼른 들어가" 하고 야단쳤다. 아이스크림을 사주기도 했다. 같이 불꽃놀이도 했다. 학교에서 돌아오는 길에 마주치면 반가운 어른들이었다. 몇 년이나 얼굴을 보지 못한 만큼, 내 기억 속의 그분들은 젊은 시절 그대로, 건강한 시절 그대로다.

한참 보지 못한 사이 어른이 된 내가 이렇게 슬퍼할 줄 어른들은 생각도 못했을 것이다. 그런데 저 잊지 않았어요. 그런 생각을 하다보니 어느새 눈물이 북받쳐 울보였던 어린 시절의 나로 돌아가 있었다.

신칸센 창에 이마를 기대고, 흘러가는 풍경을 바라보았다. 늘 하는 귀향도 언젠가 소중한 추억으로 바뀔 날이 온다는 것을 나는 이미 깨닫고 있었다.

매혹의 핫케이크

핫케이크. 듣기만 해도 평온한 기분이 드니 참 희한하다. 동그랗고 폭신폭신하고 부드러운 향. 잡지를 보다 사진이 실려 있으면 먹고 싶은 마음이 모락모락 부풀어서 안절부절못하게 될 정도다.

함께 일하는 편집자가 핫케이크를 좋아한다는 사실을 알게 되어 다음 원고 넘길 때 꼭 핫케이크를 먹읍시다! 이렇게 되었다. 내 달력에는 '원고마감'이 아니라 '4시 30분 핫케이크'라고 적어두었을 만큼 즐거운 이벤트였다.

그리고 오늘 드디어 먹고 왔다(원고를 넘기고 왔다). 가게는 핫케이크가 명물이기도 한 전통 프루트팔러.^{과일가게를 겸}

˹한 카페˼ 그쪽 회사에서도 우리 집에서도 멀어서 전철을 갈아타고 가서 만났다.

기다리고 기다렸던 핫케이크는 표면이 바삭하고 향기로웠다. 생지에 단맛이 듬뿍 배서 버터만으로도 충분!

맛있었다.

행복한 기분으로 돌아오는 지하철에서 문득 가슴을 콕 찌르는 것이 있었다.

핫케이크를 먹기 전에 들어간 작은 커피숍. 다른 일 미팅이 있어서 10분 정도 늦게 그 가게에 갔더니, 두 명의 편집자는 이미 커피와 케이크를 주문해놓고 있었다. 내게도 케이크를 권했지만, 핫케이크 먹기로 한 약속이 있어서요, 하고 카페오레만 주문했다.

"여긴 자주 오세요?"

물었더니 젊은 여성 편집자가 인터넷에서 찾았다고 한다. 가정집을 개조한 귀여운 가게였다.

이런 분위기를 좋아하는 분이구나.

그때는 무심히 그렇게 생각했는데, 돌아오는 지하철에서 그게 아니란 걸 깨달았다.

바로 전 주에 노르웨이 여행을 마치고 온 나는 커피숍

메뉴에서 노르웨이 과자를 발견하고 우연이구나 생각했다. 그런데 그것은 우연이 아니라 노르웨이 과자가 있는 가게를 일부러 찾아준 게 아니었을까? 편집부에 새로 온 분이다. 어째서 그걸 알아차리지 못했을까. 사실 그때 먹었어도 얼마든지 더 먹을 수 있었는데!

  이것도 저것도 전부 '핫케이크'가 나빴다. 배를 잔뜩 곯린 뒤에 먹고 싶어! 하는 욕구에 사로잡힐 정도로 핫케이크라는 이름은 맛있는 울림이 있다고 생각하는 나.

불성실하고 덤벙거리는 인간

　나름대로 성실한 사람이라고 생각하며 살지만, 옆에서 보면 그렇지 않을지도 모른다.
　바로 얼마 전에도 그랬다. 친구와 유럽 여행을 가는데 핀란드와 스웨덴에 가면서 여러 사람에게 "노르웨이에 가요" 하고 떠들고 다녔다. 실은 여행 당일에도 노르웨이에 가는 것 같은 기분이어서 '어? 노르웨이 가는 것 아니었나?' 하고 속으로 생각했을 정도다. 매사 덤벙거린다.
　그러니 귀국 후에도 여러 사람에게,
　"노르웨이 좋았어!"
　또 잘못 떠들고 다녀서, 혹시나 싶어 지금 확인해보니 출판사에 보낸 에세이에도 노르웨이에 간다고 해놓았네.

(사실은 가지 않았습니다.)

자, 문제의 북유럽 여행. 너무나도 영어를 못하는 게 기가 막혀서,

"좋아, 영어회화 공부를 하자!"

결심했다.

20대 시절에 친구와 영어회화 학원에 다녔던 적이 있지만, 예습도 복습도 전혀 하지 않고 다녀서 조금도 늘지 않은 채 어영부영 그만두고만 과거가 있다. 이번에야말로 복습 정도는 해야겠다 결심.

당장 문화센터의 영어회화 교실에 신청하러 갔다.

"저, 영어회화 배우러 왔는데요."

접수대에 있는 사람에게 말하니, 반 편성 테스트를 받아야 한다고 했다.

"아뇨, 초급반이면 돼요. 전혀 못 해서……."

그래도 일단 테스트는 받아야 한다는 것.

어떡하지. 초급반조차 불합격한다면? 있을 수 있다. 충분히 있을 수 있다.

접수대의 아가씨는 상냥하게 웃는 얼굴로 말했다.

"지금 바로 테스트를 보셨으면 하는데 어떠세요?"

"앗, 오늘은 약속이 있어서요!!"

황급히 그 자리에서 도망친 나……. 정말로 할 마음이 있긴 했을까?

반 편성 테스트를 받기 전에 혼자 공부를 좀 해서 가자. 서점으로 직행해서 몇 권의 영어회화 책을 샀다. 그러나 책을 산 것에 만족하고 더이상 진도를 나가지 않은 게으른 나.

어느 가을밤

 친한 친구와 가볍게 식사를 한 뒤, 아직 시간이 이르니 "차라도 마시자" 하고 카페에 들어간 것이 오후 10시 30분. 입으로는 "살 빼고 싶어, 살 빼고 싶어" 하면서 생크림이 듬뿍 든 슈크림과 홍차 세트를 주문한 나였다.
 그러고 보니 30대 때 마음먹은 일이 있었다.
 40대가 되어도 50대가 되어도 체중은 55킬로그램을 넘지 않게 노력하자.
 그런데 마흔두 살이 된 현재의 내 체중은 곧 58킬로그램……. 아무리 키가 크다고 해도 배 둘레가 후덜덜하다.
 슈크림을 다 먹고 밖으로 나왔다. 동그란 달이 떴다. 상쾌하고 짧은 가을밤이다.

"잠깐 운동하고 가지 않을래?" 제안했더니 "좋아!" 하고 다들 의욕 충천. 40대 남녀 일곱 명은 심야 영업하는 탁구장으로 쪼르르 향했다. 족히 한 시간쯤 놀았을까. "다음에는 볼링 하자!" "좋아!" 다리가 아프네, 허리가 아프네 하면서도 탁구 다음은 볼링. 겨우 소비한 열량을 되찾기라도 하듯이 그다음은 중화요리 집에 가서 만두를 게 눈 감추듯 해치웠다. 마늘을 먹으니 다시 힘이 난다며 가라오케에 가자고 누군가가 제안했을 때, 시곗바늘은 대체 몇 시를 가리키고 있었던가?

가라오케에 가서도 신 나게 놀고 슬슬 해가 뜰 무렵. 친구가 열창했던 노래 중에 그 시절보다 지금이 젊다(자세히는 기억나지 않지만), 하는 가사가 나와서 묘하게 가슴이 젖어들었다. 그럴지도 몰라. 봐, 이래저래 열두 시간이나 친구와 밤놀이를 하고 있잖아. 젊어, 젊어.

그러나 집에 돌아온 뒤에 생각을 고쳤다. 잠이 오지 않았다. 너무 피곤해서 잠이 오지 않는 것이다. 자는 것도 체력이 필요하구나, 생각하면서 멍하니 천장만 보았다.

우와, 예쁘다, 대단해!

2년 배운 피아노. 겨우 한 곡 칠 수 있게 되었다. 물론 틀리면서, 버벅거리면서다.

처음에는 모차르트 곡을 배웠지만, 초보자인 내게는 너무 어려워서 전혀 늘지 않았다. 내가 먼저 모차르트라고 말한 터라 오기로라도 하려고 생각했지만, 매주 조금도 진전이 없는 학생을 가르치는 선생님이 가엾어서 바흐의 짧은 곡으로 바꿨다. 잘 아는 밝은 멜로디로 연습하는 것은 즐거웠다.

곡과의 궁합이란 것도 있을지 모른다.

겨우 한 곡 배워놓고 친구에게 잘난 척했다.

클래식은 문외한이지만 피아노를 치고 있으면, 이런 멜로디 뒤에 이런 식으로 분위기를 바꾸는구나, 그런데 다시 처음의 멜로디를 넣어 활짝 펼치고, 우와, 예쁘다! 당신 대단해요! 하고 곡을 만든 사람에게 감상을 전하고 싶어진다.

열일곱 살의 여름이었다.

오사카에 대규모의 고흐 전이 열린다고 해서 혼자 어슬렁어슬렁 가보았다. 공교롭게 회장은 텅 비어서 유명한 「해바라기」도 「씨 뿌리는 사람」도 혼자 독차지하듯이 볼 수 있었다. 어떤 그림을 그리는 사람인지 잘 모르고 갔지만, 고흐는 열일곱 살의 여고생 마음을 살랑살랑 흔들어놓았다.

예쁘다, 엄청 예쁘다, 어떻게 이런 색을 이런 데 쓸 생각을 했을까, 이것이 아름다운 효과를 낳을 거란 걸 화가는 어떻게 상상했을까? 대단하다! 당신, 대단해요!

감동을 안고 집으로 돌아와 나는 미대입시 코스를 디자인과에서 유화과로 바꾸어버렸다.

유화 재능도(아마 음악 재능도) 꽃을 피우지는 못했지만, 와, 대단하다! 라든가, 와, 예쁘다! 하고 일일이 놀랄 줄 아는 나로 있고 싶다.

어른이 되어 생각해낸 방법

뭔지 모르게 울컥 치미는 메일이 있다. 사적인 메일 중에는 그런 게 없는데 대부분 작업 관련 메일이 그렇다. 보낸 사람이 의도하는 바를 알 수가 없다. 설마 이 문맥 그대로는 아니겠지? 뭔가 하고 싶은 말이 따로 있을지도 몰라. 그게 대체 뭘까? 혹시 좋은 의미일까? 아니면 좋은 의미로 썼는데 실패한 버전일까? 무슨 근거로 이렇게 친한 척하는 문체로 썼을까? 모르겠다, 모르겠다, 모르겠다아아아아아.

숨은 키워드가 있나 싶어 몇 번이고 다시 읽다보면 점점 화가 나기 시작한다. 옛날에는 한참 동안 일이 손에 안 잡힐 지경이었다.

그러나 이제 그런 일도 거의 없어졌다. 어떤 방법을 생각해냈기 때문이다.

불쾌한 메일은 다시 읽지 않기.

그러기로 했다.

한번 읽고 느낌 안 좋네~ 싶으면 바로 삭제해버린다. 한 번 읽은 걸로는 정확한 표현까지 기억나지 않으므로, '기분 나빴어' 하는 감정은 남아도 마음속에서 딱딱하게 굳어버리진 않는다.

학교에서 한자 공부할 때는 같은 글씨를 몇 번씩 노트에 써보는 것이 빨리 외우는 지름길이라고 배웠다. 빨리 잊어버리는 지름길은 몇 번씩 보지 않는 것. 어른이 되어 스스로 생각해낸 대처법이다.

포장마차에서 군것질하기

가을이 되니 매주 이웃 어딘가에서 작은 축제가 열린다. 신사神社 축제, 상점가 축제, 동네 번영회 축제. 축제라고 하면 여름의 봉오도리_{우리나라의 추석에 해당하는 '오봉'에 남녀가 원을 그리며 추는 윤무}밖에 없었던 신흥주택가 세대인 나는 상경 15년이 지난 지금도 기뻐하며 서둘러 축제에 나간다.

도쿄의 축제에서 처음으로 살구사탕 파는 포장마차를 보았을 때 그게 어찌나 예쁘던지. 전등에 반사되어 반짝반짝 빛나는 얼음 테이블에 한 알 한 알 줄지어 있는 사탕에는 살구가 예쁘게 올려 있었다. 사탕에는 나무젓가락이 꽂혀 있어서 아이들은 살구사탕을 한 손에 들고 이리로 저리로. 살구 대신 딸기나 귤을 올려 놓은 포장마차는 장난감 보석 상자처럼 산뜻했다. 간사이에서는 본 적이 없는데, 살구사탕에도 지역성이 있는 걸까.

아, 그렇다. 포장마차 하니 생각나는데 내가 축제에서 가장 좋아하는 것은 어른들이 군것질하는 모습이다.

누구에게나 이런저런 걱정이 있을 테지만, 그런 것을 잠시 옆에 내려두고 어른들은 야키소바를 후루룹후루룹 먹고 있다.

나도 그렇다. 따로 떨어져 사는 부모님은 건강하긴 하지만 상당히 고령이다. 간호가 필요해질 때, 무엇을 어떻게 하면 좋을까? 도쿄와 오사카를 오가며 따뜻한 간호를 할 수 있을까? 본가는 임대여서 팔아서 자금으로 쓸 수도 없다. 그렇다고 도쿄의 내 좁은 임대 맨션으로 모신다 해도 정든 집과 친한 이웃들과 떨어져 살면 사는 게 얼마나 무미건조하겠는가. 여차할 때, 딸인 나는 대체 무엇을 어떻게 해야 할까? 이런저런 개인사정은 일단 다 치워놓고, 포장마차의 오코노미야키를 먹고 있다. 후우후우.

여러 가지 걱정은 있겠지만, 어른이 되어도 축제를 맘껏 즐기면 된다. 어른들은 시시해, 라고 생각하지 말고 쑥쑥 자라세요.
 살구사탕을 파는 포장마차 앞에 줄을 선 아이들에게 왠지 그런 광선을 보내주고 싶어졌다.

포장마차 앞에서
어른들은 '맨' 얼굴로
있을지도 모릅니다.

입 밖에 내지 않아도 좋을 말

요리 이야기는 참 어렵다.

어른 세계에서는 요리에 관해 이런저런 의견을 말하는 사람이 '훌륭하다'고 생각하는 면이 있다.

특별히 좋아하는 가게, 좋아하는 요리, 좋아하는 음식 재료.

사람에 따라 좋아하는 포인트가 다르므로 조심해야 한다. 조금이라도 다른 의견을 말하면 안색이 달라지는 사람도 있어서 나는 되도록 참전參戰하지 않으려고 주의한다.

"좀 비싸지만, 우린 따로 주문해서라도 먹어요."

이를테면 어떤 병조림을 추천받아서, 라벨 뒤를 슬쩍 보니 첨가물이 잔뜩 표시되어 있다.

맙소사~ 라고 생각했다 해도,

"안목이 높으시네요."

하고 평온하게 지나가야 한다.

술도 그렇다. 마시는 사람, 마시지 못하는 사람이 있고 제각기 술을 고르는 기준이 있다. 나는 그리 잘 마시지 못하는 체질이어서 맥주라면 한 잔 정도가 딱 좋다. 와인 같은 알코올 도수가 높은 것은 상태가 안 좋아지기 때문에 권해도 입에 대지 않는다.

"술을 못 마시니 재미없네. 좀 마시도록 노력해봐."

이러는 사람이 예전보다 적어졌지만, 아직도 그런 말을 들을 때가 있다. 물론 그 기분도 이해할 수 있다. 그런데 못 마시는 사람은 못 마시는 대로 즐겁다. 함께 식사하다 '재미없네'라는 말을 들으면 아무리 고급 요리여도 맛이 없어진다.

입 밖에 내지 않아도 될 말은 세상에 산더미처럼 있다. 술을 못 마시는 나도 한심하긴 하겠지만, 식사란 그 사람이 자란 환경과 소중한 추억과도 관계 깊은 것이어서, 배려해야 한다고 생각한다.

느낌이 좋은 사람

그 자리에서만이야, 라고 생각한다.

내 얘기다.

나는 대인관계가 좋다. 명랑한 분위기로 사소한 실수담 같은 것도 얘기하며 편하게 대해서 초면에도 경계심을 갖게 하는 일이 별로 없다. 그래서

"느낌이 좋은 사람이네."

하는 인상을 주는 편이다. 다만 '그 자리'가 길어지면 바닥이 보인다.

지금 이 자리만 극복하자! 이것을 사명이라 생각하기 때문에 계속 좋은 느낌을 유지할 뿐. 5분, 10분 선 채로 얘기

하는 거라면 몰라도, 식사 자리로 이어지면 뭔가 알맹이 없는 회식이 되기도 한다.

언제나 자연스러운 사람이 부럽다. 지인 중에도 몇 명 있다. 괜히 우등생인 척하지 않고 명랑하지만, 결코 오버하지 않는다. 거짓말하지 않는다. 남의 의견도 들으면서 자기 의견도 얘기한다. 지나치게 배려하지 않는다.

나도 그런 사람 쪽이 좋다. 지나치게 배려해서 신경 쓰이게 하고, 듣기 좋은 말만 하는 사람과 얘기하며 즐거운 사람이 있을까?

안다. 알면서 역시 그 자리에서만은 그렇게 돼 버리는 나다……

어째서일까?

사람은 그렇게 바로 친해지지 않아도 된다.

이런 마음의 표현이었을까. 모르겠다.

느낌이 좋은 사람이 되려고 애쓴 나머지, 원래 가진 '장점'을 발휘하지 못하는 나. 아아, 훨씬 더 좋은 점이 있다고요! 언제나 그런 식으로 마음을 전하지 못한 회식이 끝나 고개를 푹 숙이게 된다.

조금이지만 먹어보렴

 고향에서 토란이 왔다. 아버지가 정년퇴직 후, 밭을 빌려 채소를 키우고 있어서 엄마가 종종 수확물을 보내준다.
 그런데 토란은 어떻게 요리하지?
 어린 시절에는 어른이 되면 저절로 뭐든 다 할 줄 알게 되는 줄 알았지만, 아무 노력도 하지 않고 뭐든 할 수 있게 되지는 않았다.
 스물여섯 살에 부모 곁을 떠날 때까지 요리 같은 건 거의 하지 않은 거나 다름없었다. 쌀을 씻는다거나 크로켓 옷을 입히는 정도는 엄마가 시켜서 해본 적 있지만, 우엉조림이나 고기감자조림 같은 것을 만드는 순서는 전혀 모른다.

나란 여자, 이렇게나 아무것도 모르는구나!

혼자 생활을 시작한 뒤로 깜짝 놀랐다. 부랴부랴 기초부터 가르쳐주는 두꺼운 요리책을 사와서, 16년이 지난 지금도 때때로 그 책을 보고 배운다.

이번에도 당장 토란조림 페이지를 펼쳐보았다. 뭐야, 뭐야, 껍질을 벗긴 토란은 소금으로 잘 문질러서 물로 미끈거림을 씻어내면 맛이 잘 배어든다고? 오호, 몰랐네. 사진대로 따라하다보니 간신히 토란조림(비슷한 것)이 완성되었다. 맛없어! 할 정도는 아니지만 맛있는 것도 아니었다. 그런 미묘한 맛으로 완성되었다. 이렇게 되풀이하다보면 잘하게 되는 날도 오겠지(아마).

본가에서 보내준 채소상자에는 언제나 엄마가 쓴 한 줄의 글이 들어 있다.

조금이지만 먹어보렴. 엄마가.

전단 뒷면에다 쓴 익숙한 글씨. 이것이 엄마에게 받은 마지막 편지가 되면 어떡하지……

건강하게 지내는 건 알지만, 매번 그런 생각을 하게 된다. 그래서 왠지 그 메모를 버리지 못하고, 그렇다고 소중하게 보관하는 것도 슬퍼서 어떻게 할까 하다 아무 데나 두다보면 어느새 없어져 있다.

긴자에서 이틀 밤 보내기

중반까지 완성한 만화가 한 편 있었다.
"후반은 단숨에 완성하고 싶다!"
라는 생각이 간절하게 들어, 결국 호텔에 틀어박혀 일하기로 했다. 누가 부탁한 것도 아니므로 물론 자비. 전혀 급하지 않은 일이었다.

저녁 무렵에 체크인을 한 뒤, 일단은 배를 채워야겠다고 긴자 거리로 나갔다. 백화점 지하에서 음식을 사와 방에서 먹을까 하고 마쓰자카 백화점을 어슬렁거리는데, 어머나, 맛있어 보이는 돈가스 가게 발견! 안쪽에 작은 카운터까지 있었다. 그곳에서 막 튀긴 돈가스를 먹을 수 있는 것 같아서 들어가서 먹었다. 한 입 크기 돈가스 정식. 바삭한 튀김옷이 향기로운 게 무척이나 맛있었다. 대만족. 야식용으로 달콤한 과자와 매운 과자 둘다 사서 호텔로 돌아오니 졸음이 밀려왔다. 일단 좀 자둘까 하고 침대에 들어가서 세 시간 정도 자버렸다. 다시 일어나서 아침까지 원고를 쓰고 취침.

다음 날은 10시에 일어나 초저녁까지 책상 앞에 있었다. 이따금 창 아래 펼쳐진 긴자 시내를 내려다보면서 체조도 하고, 최근 공부 중인 영어 교재를 펴서 발음도 해보고.

"This is a wonderful website."

언젠가 누군가한테 말할 일이 있을지 어떨지 모르지만…… 없다고도 할 수 없으므로 열심히 발음 연습을 한다.

저녁을 먹으러 다시 해 질 녘의 긴자 거리로. 슬슬 크리스마스트리가 늘어서기 시작한 긴자 중심 도로는 외국에서 온 관광객도 많고 아주 흥겨웠다.

뭘 먹을까 하다, 어제 먹은 돈가스를 잊지 못해 결국 다시 돈가스. 카레돈가스를 먹고 호텔로 돌아오니 역시나 졸려서 잠시 눈을 붙이고……. 일어나니 밤이 깊어, 다시 책상으로 향한다. 그리고 도중에 또 영어 레슨.

"Are you free for lunch?"

언젠가 누군가에게 이런 말을 할 날이 올까? 그러나 가능성이 없다고는 할 수 없으므로 단단히 연습해둔다.

휴식, 원고, 휴식, 원고. 되풀이하다보니 아침이 오고, 잠깐 자고 일어나니 체크아웃 시간.

그리하여 긴자 호텔에서 2박을 하고 조금 전에 막 돌아온 참이다. 돌아오는 길에 다른 작업 미팅으로 디자인 사무실에 들렀더니,

"부재중이라 해서 여행 가신 줄 알았더니 긴자였어요?"

하며 쿡쿡 웃었다.

부재중에 그린 만화는 70쪽. 만화는 완성했다. 기분 좋은 밤이다.

iPhone 4S

'iPhone 4S'를 주문하고 돌아오는 길, 내 마음은 캄캄했다. 기계치여서 새로운 메커니즘이 두려운 것이다. 그러나 마흔두 살이라는 나이를 생각하면 아직 '수비'에 들어가기에는 너무 이르다. 사실은 '라쿠라쿠폰'^{버튼이 크고 메뉴도 알기 쉽게 표시해서 노인층에 인기 있는 휴대전화} 같은 휴대전화로 편하게 지내고 싶지만, 앞으로 일을 같이하는 사람들이 점점 젊어질 거라고 생각하면, iPhone 정도는 사용해야지! 하고 용기를 낸 것이다.

그러나 일주일 정도 지나 상품이 들어왔다고 해서 휴대전화 매장에 갔더니 ID 취득 같은 것을 직접 해야 한다고 해서 몹시 난감했다.

"괜찮습니다, 간단해요."

격려를 받으며 집에 돌아와서 해보았으나, 전혀 간단하지 않았다. 할 수 없이 사용법을 가르쳐주는 고객센터에 전화했지만, 컴퓨터업계 용어가 잔뜩 나와서 내 머리에서는 금방이라도 연기가 날 것 같았다.

"그럼 그다음부터는 고객님이 직접 해봐주십시오."

한차례 설명이 끝나자 전화를 끊어서 할 수 없이 혼자 시작해보았지만, 진전이 없다. 할 수 없이 다시 전화. 이번에는 다른 사람이 나와서 정중하게 대응해주었지만, 어느 정도까지 진전되자 또 "그럼 여기서부터는 고객님이 직접 해봐주십시오"라고 한다. 그래서 해보니 역시 안 된다.

이런 세련된 것, 난 쓸 줄 몰라요오~

할 수 없다. 'iPhone 4S'는 포기하고 일반 휴대전화로 돌아가자. 발걸음 무겁게 휴대전화 매장에 갔더니 사용할 수 있도록 전부 척척 도와주었다.

오오, 이것으로 드디어 나도 최신 휴대전화를 손에 넣었다! 기쁜 나머지 'iPhone 4S' 케이스를 사러 시부야까지 나갔더니, 종류가 어찌나 많은지 완전히 거기에 빠져서 이 가게 저 가게 헤매고 돌아다니다 결국 사고 난 뒤에는 녹초……. 집에 돌아와서는 씻지도 않고 뻗어서 잠이 들었다. 곰곰이 생각해보니 만 이틀이 'iPhone 4S'로 끝나버렸다.

돌아온 역할

최근 손목시계를 차게 되었다. 휴대전화가 있으니 손목시계는 필요 없다고 생각했지만, 필요한 나이가 되었다는 사실을 깨달은 것이다.

업무상 하는 식사 자리. 음식도 맛있고 얘기도 재미있어서 태평스럽게 있다보면,

"어머? 벌써 시간이 이렇게 됐네요!"

전철 끊길 시간이 달랑거려서 다들 황급히 가게를 나서는 일이 최근에 몇 번 있었다.

그래서 아차 싶었다.

"슬슬 갈까요?"

라고 말하는 역할을 맡을 사람은 이제 내가 아닌가?

인제 그만 돌아갈 시간인데, 싶어도 젊은 사람이 먼저 말을 꺼내기는 어려운 법이다. 그런 것쯤, 젊은이의 경험이 있는 나(누구에게나 있지만)라면 잘 알고 있으면서 세월이 지나도 여전히 젊은이 기분으로 있으니, 내가 "슬슬 갈까요?"라고 말할 순번이란 걸 미처 생각하지 못했다. 연장자인 내가 멍하니 있었던 탓에 다른 사람들의 귀가 시간에 지장을 초래한 게 미안했다.

그리하여 최근에는 손목시계를 차고 나가 넌지시 시간을 체크하며 식사를 한다.

하지만 이런 역할 참 재미없다. 어른 역할이란 건 뭔가 시시하다. 그러나 내 차례이니 해야 한다.

손목시계는 16년 전, 친한 친구 네 명이 돈을 모아서 선물해준 것이다.

"일 그만두고 도쿄 갈래."

느닷없이 선언한 내게,

"뭐어? 혼자서? 뭐하러 가는 건데?"

그녀들은 입을 딱 벌렸다. 그리고 "너 바보 아냐?" 하고 어이없어하면서도 이별 선물을 해주었다.

그것은 상경하는 젊은이의 시간을 새기기 위한 시계였다. 지금은 42세의 나를 위한 시계다.

노는 게
부족한 날도,
얘기가
부족한 날도 있다.

돈 이야기

 해외여행을 갈 때는 어쩌면 돌아오지 못하는 일도 있을지 모른다고 생각해서, 돈 문제를 파악할 수 있도록 간단한 메모를 남겨두고 간다.

 그래봐야 이용하는 인터넷이나 질병보험, 구독하는 신문 등, 매달 계좌에서 이체되는 것을 빨리 정지하지 않으면 손해를 보지 않을까? 싶은 것들로, 단순히 이용기관의 연락처를 조목조목 써둔 것뿐.

 질병보험은 서른네 살에 가입했다. 요리잡지를 읽는데 마침 '보험' 특집 기사가 실려 있었다. 거기에 인상이 좋아 보이는(사진이) 재무 설계사 여성이 있어서 회사 홈페이지를 조회하여 연락해서 보험 상담을 하러 갔다.

상담료는 한 시간에 만 엔이었다. 사전에 내 예산에 맞는 보험을 세 개 정도 찾아두었다가 상담 당일에 여러 가지 설명을 해주었다. 그리고 집에 돌아온 뒤 직접 상품을 선택하여 가입했다. 60세까지 매달 4,190엔씩 내는 보험으로 60세 이후에는 보험료를 내지 않아도 되는 유형이다. 사망 시에는 거의 아무것도 나오지 않는, 입원이나 수술 때를 위한 준비다. 프리랜서로 일하고 있으니 여차할 때 도움이 되지 않을까 싶어서 들었지만, 현재까지 한 번도 그 보험을 이용할 기회는 없었다.

"이용하지 않는 게 제일 좋아요."

상담하러 갔을 때, 재무 설계사는 그렇게 말했다.

돈 문제는 골치 아프고 복잡하다.

나이를 많이 먹었을 때, 직접 관리할 수 있을지 암담한 기분이 들기도 하지만…… 반면 아직 젊으니까 괜찮아, 하면서 되도록 생각하지 않으려 하고 있다.

짧은 침묵

 주민세를 내야지 하고 은행에 갔다가 깜짝 놀란 일이 있다. 봉투를 뜯어보니 전혀 모르는 사람의 고지서가 들어 있었다.
 이게 어떻게 된 건가.
 당연하지만, 고지서에는 이름, 주소, 전화번호, 뭔지 알 수 없는 다양한 번호, 그리고 납세할 금액이 적혀 있다. 이 금액은 수입에 따라 다르므로 아는 사람이 보면 연 수입을 추측할 수 있을 것이다.
 봉투에 적힌 수신인을 보니 이름도 주소도 나의 것. 알맹이만 타인이다. 하마터면 모르는 사람의 세금을 내줄 뻔했다.

그렇다면 내 고지서는 어디로 간 걸까? 생각하는 것이 자연스러운 흐름이다. 내 이름, 주소, 전화번호, 뭔지 모르는 다양한 번호, 그리고 납세할 금액. 혹시 알맹이가 바뀐 게 아닐까? 이른바 개인정보.

집으로 돌아와 시청에 전화했다. "저기, 내용물이 다른데요……?" 그랬더니, "그럼 반송해주세요"라고 아무렇지 않게 말했다. "아뇨, 아뇨, 아뇨, 아뇨, 내 고지서가 상대 쪽에 가지 않았을까요?" 되물었더니, "그건 괜찮습니다"란다.

"그럼 믿겠습니다만, 다음부터 주의해주세요."

"알겠습니다."

전화를 끊으려다 한 마디.

"사과를 하지 않으시네요?"

그다음의 "죄송합니다"는 어째선지 짧은 침묵 뒤였다.

나이 먹는 이야기

 안쓰럽다고 생각할 때가 있다. 거래처의 젊은 직원 말이다. 미팅을 할 때마다 40대 여자들의 나이 얘기에 어울려야 하니.
 "뭔가 말이에요, 작년에 입었던 옷이 올해는 너무 어려 보이는 것 같아요."
 "아, 알아요. 갑자기 안 어울리게 되죠?"
 "살이 찌는 부위도 달라지고요."
 "맞아요, 맞아요. 어째선지 요즘은 등에 살이 찌더라고요."
 카페에서 홍차를 마시며 지난번에도 이런 얘길 했었지, 생각하면서도 그만 같은 얘기를 하고 있다. 이런 나와 선배 편집자를 앞에 두고 20대 새댁인 편집자는 "아, 저도 알아요" 하면서 맞장구를 쳐주고 있다. 착한 친구다. 그러고 보니 그녀의 결혼이 결정됐을 때, 마침 선배 편집자도 40세 생일을 맞이해서 합동으로 축하 회식을 벌인 적이 있다.

주최자이자 가장 연장자인 내가 건배 선창.

"축하합니다! 많이 드세요, 물론 오늘의 메인은 40세 생일입니다! 결혼은 몇 번이고 할 수 있지만, 40대에 돌입하는 것은 단 한 번!"

이러고 화제는 다시 나이 먹는 얘기로.

"요즘 말이에요, 갑자기 흰머리가 늘었어요."

"어머나, 나도 안 보이는 데는 꽤 났을지도 몰라요."

어째서 매번 만날 때마다 이런 얘기로 꽃을 피우는 걸까?

분명 나이 들어가는 자신이 새로워서라고 생각한다. 새로 나온 장난감을 손에 넣은 아이처럼 이제 젊은이가 아닌 '새로운 자신'을 얘기하며 노는 게 아닐까.

가여운 것은 옆에 있는 젊은이다. 40대의 "왠지 말이에요, 요즘 말이에요"도 한두 번이지, 듣기 지겨울 것이다. 하지만 조금 지나면 우리도 질릴 터이니 조금만 참아주세요.

의외로 즐거운
대화입니다.

오랜만의 수중 워킹

스포츠클럽에 정기적으로 다니는 사람은 의지가 강한 사람일 거야. 매번 스포츠클럽에 다니기 시작할 때마다 그런 생각을 한다.

스포츠클럽에서 체험 캠페인을 하기에 몇 년 만에 등록했지만, 3개월이 지난 지금은 거의 가지 않는다. 처음에만 자주 다니며 땀을 흘리고는,

"몸을 움직인다는 건 역시 기분 좋아!"

친구며 지인에게 자랑스럽게 떠들어댔으면서…….

그래도 새로 산 수영복을 한 번도 안 입어보는 건 아쉬워서 수영장을 이용해보기로 했다.

평일 밤. 스포츠클럽의 수영장은 텅 비었다. 요가 스튜디오나 헬스 플로어는 항상 사람이 많아서 좀 김이 빠진다. 추워져서 수영할 기분이 아닐지도 모른다.

일단은 수중 워킹. 물속을 걷는 것만으로도 운동량이 상당하다고 해서 큰 걸음으로 성큼성큼 걷는다. 걷는 사람용, 천천히 수영하는 사람용, 상급자용 레인이 따로 있어서 신경쓰지 않고 이용하면 된다.

그러고 보니 중학교 때, 학교 수영대회에서 '수중 달리기' 부문에 나가 1등을 해서 모두를 놀라게 한 적이 있다. 한 줄로 서서 준비 땅! 하고 25미터의 수영장을 달리는(이랄까 걷는 이랄까) 경기였는데, 어째서 내가 이 경기에 나갔는가 하면 단순히 수영을 못하기 때문이었다. 수영을 하지 않아도 되는 경기를 찾은 결과가 '수중 달리기'다. 태어나서 한 번도 수중 달리기를 해본 적도 없이 수영대회 당일에 한 게 처음 한 것. 아마 다른 학생도 그랬을 것이다.

그런데 막상 뚜껑을 열어보니 나는 관객들에게 '놀라움'과 '웃음'을 유발할 정도의 빠르기로 1등을 했다.

어째서 나는 그렇게 빨리 걸을 수 있었을까? 물의 저항에 강한 걸음법이 있는 걸까? 올림픽에 수중 달리기라는 것이 있었더라면 스카우트되지 않았을까?

  그런 기억을 떠올리면서 수중 워킹. 음, 이거 상당히 기분 좋은걸. 좋아, 이것만이라도 계속하자! 그러면 전철 역 계단에서 헉헉거리는 날들에서 벗어날 수 있을 거야! 결심했지만, 그 후 수영장에서도 멀어졌다. 아마 스포츠클럽, 머잖아 탈퇴할 것 같은 예감이 든다.

기분 전환 스위치

뭐가 어떻게 된 건 아니지만, 이유 없이 이런저런 것들이 싫어질 때가 있다. 이런저런 것이라기보다 나 자신이 싫어지는 것이다.

싫어졌다고 자신에게서 도망칠 수도 없다. 도망친다고 새롭고 멋진 내가 방글방글 웃으며 기다려줄 리도 없다. 나는 '나'의 몸속에만 있는 것이다.

작년 말이었던가. 아아, 뭔가 모든 게 넌덜머리나~ 하면서 편의점에서 초콜릿과자를 고를 때의 일이다.

계산대 옆에 전단이 꽂혀 있었다. 크리스마스 케이크 전단이었다. 전단에는 걸그룹 AKB48 멤버들이 산타클로스 차림으로 케이크 선전을 하고 있다. 그걸 한 장 들고 보았다. 그러자 기분이 좀 괜찮아졌다. 그녀들은 빙그레 웃고 있었다. 톱 아이돌다운 자신감으로 가득한 빛나는 얼굴이다. 우연히 보고 기분이 밝아졌다.

 올해 들어서도 아아, 뭔가 만사 짜증 나~ 할 때가 있었다. 집에서 멍하니 텔레비전을 보고 있는데 한 명의 스타가 구제해주었다.

 마침 유키 사오리^{가수로 데뷔해 다양한 분야에서 활동중. 주로 서정가곡과 동요를 불러왔다}가 '퍼프'라는 노래를 부르고 있었다. 어린 남자아이가 마법의 용과 친구가 된다는 내용의 곡이다. 부드럽게 노래 부르는 유키 씨를 보고 있으니 눈물이 나면서 또 마음이 좀 밝아졌다.

 스타라고 불리는 사람들의 힘이란 역시 대단하구나.

 나는 '나'의 몸속에서 감동했다. 그러나 그건 이런저런 일들이 있겠지만 힘을 내서 잘해보자! 라고 생각하는 '나'가 항상 기분 전환할 기회를 찾고 있다가, 옳지, 이번엔 이거야! 하는 식으로 바깥 세계에 반응하는 것인지도 모른다.

동창생 재회

학창 시절 친구들과 15년 만에 재회했다.

"하나도 안 변했네!"

다들 달려가서 서로 반가워한다. 그러나 안 변했네 하고 말하지만 누구 하나 20대로 보이지 않는다. 역시 '변했다'는 것이다. 당연하다.

"수학여행 어디 갔었는지 기억하니?"

다섯 명이나 있는데 행선지를 정확하게 기억하지 못했다.

"수학여행 가서 롤러스케이트 탔지 않아?"

"안 탔어, 안 탔어! 그런데 떡은 먹었어."

"떡? 그건 체험학습 때 먹은 거 아냐?"

"바위산을 올라간 것 같기도 해."

"바위산? 뭐야, 그런 거 몰라."

우리의 수학여행은 대체 얼마나 임팩트 없는 장소였던 걸까?

학교에서 선생님에게 야단맞은 일화로 분위기는 더 고조되었다. 이런 것도 했지, 저런 것도 했지. 추억을 늘어놓으며 다들 배를 잡고 웃었다. 눈물에 마스카라가 다 번질 정도로.

"이 얘기 아사히신문에 써도 돼."

친구는 말해주었지만, 선생님한테 혼난 내용은 그녀들의 자녀 교육상 잠시 톱 비밀로 해두기로 한다.

"그런데 노안老眼 왔니?"

동창생이니까 질문하기 쉬운 몸 얘기. 내가 묻자, 다섯 명 중 세 명이 손을 들었다.

"미리는 아직?"

"응, 아직. 처음에는 어떤 느낌이야? 어느 날 갑자기?"

"서서히, 서서히."

43세. 우리는 앞으로 다양한 변화에 당혹스러워할 테지.

"갱년기 장애란 어떤 걸까."

"핫플래시^{폐경기 때 느끼는 열감}는 갑자기 땀이 나고 그러는 것 같아."

살짝 불안. 내 몸의 변화, 부모님의 건강……. 앞으로 무엇이 기다리고 있을까.

"부디 잘 극복해 나가자, 우리."

서로 끄덕이며 웃는 얼굴로 해산한 추운 겨울밤이었다.

미팅 후의 빈둥빈둥 타임

작업 미팅을 하러 나가면 좀처럼 집에 돌아오지 못한다. 미팅이라 해도 잡담을 섞어서 고작 한 시간 정도. 끝나면 바로 집으로 돌아올 수 있지만, 바로 돌아오지 않는다.

약속 장소에 나갈 때부터 미팅 후의 일을 생각한다.

어디를 돌아다니지?

생각하는 것만으로 마음이 느슨해져서 미팅에 필요한 서류를 잊고 가기도 한다.

오늘은 점심을 먹으면서 하는 미팅. 요즘 화제인 마루노우치의 '타니타 식당'^{체중계 회사인 타니타가 오픈한 건강과 다이어트를 위한 식당}에 갔더니 줄이 길어서 포기하고, 다른 가게에서 오물오물 먹으며 일 이야기를 나누었다. 그 후 그들과 헤어져, 드디어 나 혼자 빈둥빈둥 타임이다.

유라쿠초에 지방 특산물관이 잔뜩 있는 어느 빌딩에 들렀다. 홋카이도관에서는 게살 크림 크로켓을 사서 집에 갈까 말까 망설이고, 아키다 현의 특산물관에서는 아주 좋아하는 밤맛 소프트크림을 먹을까 말까 고민하고, 그럭저럭 하다보니 피아노 레슨 시간이 가까워져서 결국 아무것도 사지 못하고 황급히 전철에 올라탔다.

피아노를 친 뒤, 카페에서 차를 마시고 한 시간 정도 책을 읽다 시계를 보니 오후 7시 30분.

집에 돌아가기에는 아직 이르다. 그렇지, 아로마 마사지를 받으러 가자. 아로마 가게에서 마사지를 받고, 가게를 나온 것이 8시 30분. 그다음, 근처 잡화점에 들러 도시락통 따위 필요 없는 생활이면서 가게 앞에 진열된 귀여운 도시락통을 이것저것 살펴본다. 9시가 되어 폐점 안내방송이 나와, 할 수 없이 전철을 타고 집 근처 역에 도착. 그러고도 아직 어슬렁거린다. 슈퍼마켓을 구석구석까지 둘러보며 저녁 반찬거리를 산다. 드디어 자전거를 타고 집으로 향하지만, 도중에 편의점에도 들르고 싶어진다. 편의점에서 잡지를 뒤적거리다 쿠키를 하나 사서 집에 돌아온 것이 오후 10시 20분.

저녁을 지어 먹고 신문을 읽고 이 원고를 쓰는 지금은 졸음이 밀려온다. 마저 쓰고 목욕하고 이불 속에서 책을 읽으며 자게 되겠지.

미팅을 한 주에 두 번 정도로 해두지 않으면 방 정리도 못 하겠구나.

……라고 생각하기보다 빨리 집에 돌아오면 되잖아!

멍하게 있기

에세이를 쓰는 데 시간이 어느 정도 걸리세요? 하는 질문을 받을 때가 있다.

어느 정도일까? 쓰지 않는 시간에도 원고를 쓰는 일이 있어서 몇 분이라고 대답하기 곤란하다.

쓰지 않는 시간에 원고를 쓴다는 것은 바깥을 어슬렁거리고 다닐 때 생각하는 시간이다. 그럴 때는 오늘은 무슨 원고를 쓸까를 생각하는 게 아니라, 그저 이런저런 생각만 하는 거지만 최종적으로는 원고로 이어진다.

최근 자주 생각한 것은 사람과 거리를 갖는 법에 관해.

소매만 스쳐도 억겁의 인연이라는 말이 있듯이 '만남'이란 것은 소중한 것이다. 그러나 그 만남을 받아들이는 법도 사람마다 제각각.

이를테면 친구와 함께 꽃놀이 모임에 갔다고 치자. 처음 만난 사람도 많아서 인사를 하고, 함께 즐겁게 밥을 먹고 집으로 돌아간다. 내 경우는 여기서 일단 만족한다.

하지만 훗날 함께 꽃놀이를 간 내 친구가 그곳에서 만난 사람들과 아주 친해져서,

"앞으로 같이 케이크 교실에 다니기로 약속했어!"

보고를 받으면 사람을 받아들이는 역량에 관해 생각하게 된다. 같은 자리에서 같이 지냈는데 사람과 관계를 맺는 법이 전혀 다르다. '인맥'이라는 말은 이런 활동적인 사람을 위한 것이구나 감탄하게 된다.

나는 이미 친하게 지내는 사람들이 있으니, 다른 사람들과 친하게 지내고 싶지 않다고 생각하는 것이 아니다. 그저 천천히 알아가는 것이 나에게 맞다.

그런 생각을 멍하니 했던 오늘. 지금 휴대전화로 시간을 보니 17시 19분. 이 원고를 쓰기 시작한 것이 4시 12분이었으니, 일단 글을 쓰는 데 걸린 시간은 67분이 된다.

최근의 고민거리

어떡하지, 살이 찌기 시작했다.

55킬로그램을 넘지 않는 인생을 살자고 맹세했는데 3일 전에 체중계에 올라서 보니 58.1킬로그램. 60킬로그램 대가 코앞이다.

그리고 어제 그만 말도 안 되는 사건이 일어나버렸다.

지인 몇 명과 맛있는 중국집에서 배 터지게 저녁을 먹은 후 커피라도 마실까 하고 다음 가게로 이동했을 때, 작업 때문에 연락해야 할 일이 있어서 다른 사람들이 카페에 들어간 뒤 나는 혼자 밖에서 전화를 했다.

"잠깐만요, 지금 수첩 좀 보고 일정을 확인할게요."

몸을 구부리고 수첩을 펼치려는 순간, 찍 하는 소리와 함께 바지가 찢어진 것이다. 위에 입은 티셔츠가 길어서 아무도 눈치채지는 못하겠지만, 아, 정말로 엉덩이가 쩍!

30대 시절에는 아무리 먹어도 체중에 별로 변화가 없었는데……

라고 생각해봐야 어쩔 수 없지만, 나도 모르게 그 시절을 그리워한다. 나이와 함께 체질이 달라지는 것을 나는 언제쯤 자각할까.

"언제 할 거야, 지금이잖아."

이런 대사가 나오는 학원 광고가 있었지. 2, 3킬로그램 정도쯤은 노력하면 바로 뺄 수 있다는 생각에서 졸업해야 한다.

그러고 보니 최근 내 만화의 주인공인 '수짱'을 그리면 그렇게 생각해서인지 통통해진 것 같은 기분이……. 캐릭터 설정이 달라지지 않도록 작가와 함께 체중관리에 주의해야지 하고 배 둘레를 쓰담쓰담하는 날들이다.

애정이 담긴 한마디

평소에는 잊고 지내다가, 이를테면 자전거를 타고 역에서 집까지 달릴 때 같은, 그런 날마다의 평범한 일상 속에서 문득 누군가가 애정이 담긴 한마디를 건네주던 기억이 소중하게 떠오른다.

대부분 아주 사소한 일이다.

저녁 반찬을 나눠주러 온 이웃집 아주머니는 부엌에서 그림을 그리고 있는 내게,

"그림을 참 잘 그리는구나, 아줌마는 그렇게 못 그리는데."

언제나 칭찬해주었다. 이웃 어른 중에는 만날 때마다 꼭,

"예쁜이!"

하고 말을 걸어주던 즐거운 아저씨도 있었다. 특별히 그림을 잘 그린 것도, 특별히 예뻤던 것도 아니었지만 칭찬을 들어서 기뻤다.

초등학교 1학년 때였나. 쉬는 시간에 뽑기를 하게 되어 학생들은 일제히 담임인 젊은 남자 선생님에게 달려갔다. 주뼛거리고 있던 나는 늦게 나가서 제일 꼴찌. 이렇게 제일 꼴찌로 뽑기를 해봐야 아무것도 안 걸릴 게 뻔하다. 슬프고 한심했다. 하지만 선생님은 아이들이 줄을 다 선 다음에 내게로 와서,

"제일 뒤에 서고 착하구나."

그렇게 말해주었다. 나는 금세 힘이 났다. 몇십 년도 전의 일인데 그 생각을 하면 마음이 든든해진다.

친척집에서 열이 났을 때 차가운 수건을 이마에 올려주던 아주머니의 파 냄새 나던 손, 자전거를 타다 굴러서 울고 있을 때 도와준 마침 지나가던 언니의 다정한 목소리. 아버지나 엄마뿐만이 아니라 많은 바깥세상 사람들이 어린 내게 마음을 써주었다. 그런 많은 '애정이 담긴 한마디'의 힘이 어른이 된 내게는 가득차 있다. 그래서 나는 괜찮

다! 뭐가 괜찮은지는 모르겠지만…… 그런 생각을 하다보면 자전거 페달을 밟는 발걸음이 갑자기 가벼워진다.

'애정을 담은 한마디'가
잔뜩 쌓여 있다.

일흔 살이 되었을 때

"도쿄 스카이트리에 한번 올라가 보고 싶더라."

설에 집에 갔더니 엄마가 그런 말을 했다. 도쿄로 돌아오자마자 바로 여행사에 예약했다. 날짜를 지정한 전망대 티켓과 호텔 1박 세트 상품이다.

저녁은 어디서 먹을까. 엄마는 벌써 몇 번이나 도쿄에 와서 몬자야키_{도쿄를 중심으로 한 간토 지방의 부침요리로 오코노미야키보다 수분이 더 많다}는 이미 경험했다. 전통 국숫집의 메밀국수도 튀김도 먹었다. 이번에 머물 호텔은 아사쿠사이니 전통 스키야키집에라도 가볼까나.

아직 한참 나중 일인데 벌써 안내책자를 보며 이런저런

계획을 세우는 나.

그렇다, 모처럼 오는 길에 우에노 동물원에 판다도 보러 가자! 기뻐하실 거야. 이웃사람들에게 줄 도쿄 스카이트리나 판다 그림이 든 과자 선물을 사서 싱글벙글 웃으며 돌아갈 엄마 모습이 눈에 선했다.

올해 일흔 살인 엄마는 오사카에서 신칸센을 타고 도쿄 스카이트리를 보러 온다. 내가 일흔 살이 되었을 때, 나를 새로운 명소에 데리고 가줄 사람이 있을까?

나는 어른이 되었지만, 아직 부모는 되지 못했다. 이대로 가면 장래 내 아들이나 딸이 새로운 명소에 데려가 줄 일은 없을 것이다.

쓸쓸하다고 하면 거짓말이다. 그러나 쓸쓸하지 않다고 해도 거짓말이다. 그냥 보통 기분.

아, 그렇지. 이 원고를 쓰고 있는 지금은 친한 친구와 규슈 여행에서 막 돌아온 참이다.

"계단 올라가는 것 가지고도 헉헉거리게 되네."

하고 깔깔거리면서 여기저기를 관광하고 왔다.

"올해도 다들 같이 불꽃놀이 보러 가자."

"그전에 꽃놀이부터 가야지."

30년 뒤의 새로운 명소도 친구들과 힘을 모아 갈지도 모르겠군요.

다음에 다들 같이 다카오 산 등산가자.

여행 도중에 벌써 다음에 놀러갈 이야기.

잘 부탁합니다!

"꼭 같이 일을 하고 싶습니다!" 그렇게 말해주는 분들이 있어서 만화나 에세이 연재를 시작한다.

"예, 잘 부탁합니다!"

비교적 성실한 편이어서 마감은 절대 늦지 않는다. 최근 주간지에 만화 연재를 시작했지만, 4개월 뒤의 원고까지 완성해두었을 정도로 성실한 편이다. 심지어는 4개월은 순식간에 지나가기 때문에 추가로 더 그려야 한다고 준비하고 있다.

여러 출판사가 있으니 다 그렇다고는 할 수 없지만, 연재를 계속하다보면 도중에 담당 편집자가 바뀌는 일이 있다. 인사이동에 따라 다른 부서로 이동하는 것이다.

"꼭 같이 일을 하고 싶습니다!"

하고 처음에 말해주었던 담당자와의 이별은 쓸쓸한 것. 그러나 이내 새로운 담당자가 등장하므로, 오탈자가 많은 나는 "부디 잘 부탁합니다!" 하고 머리를 숙인다.

새로운 담당자는 내 작품을 몰랐을 가능성도 있다. 어쩌면 전혀 좋아하지 않았을지도 모른다.

그렇게 생각하기로 했다. 그도 그럴 것이 인사이동에 따라 작가가 할당되니 딱히 마음에 와 닿지 않는 작가가 걸릴 가능성은 종종 있을 터. 실제로 나한테 흥미가 없구나~ 하고 느낄 때도 있지만, 그쪽 입장에서 보자면 "이 사람, 누구야?" 싶은 작가에 걸려서 정말로 불쌍한 일이다.

훨씬 더 젊었을 때는 그런 정황에 기분이 좌우되었지만, 최근에는 "이건 이것, 저건 저것." 원고 앞에서는 별로 신경 쓰지 않게 되었다. 둔하다고도 할 수 있고, 뻔뻔하다고도 할 수 있다. 최종적으로는 어떻게 될까?

그렇긴 하지만 인간은 감정의 동물. 죽이 잘 맞는 사람이 담당자가 되면 역시 든든하다. 든든하면 파워도 생긴다. 파워에 의지하여 아직도 한참 더 새로운 얘기를 써보고 싶구나! 그렇게 생각한다.

엄마의 글씨

 펜글씨를 배우기 시작한 엄마는 날이 다르게 글씨가 달필이 되어간다. 원래도 못 쓰지는 않았다고 생각하는데, 당신은 더 예쁘게 쓰고 싶었는지 친한 친구 몇 명과 함께 펜글씨 교실에 다닌다고 한다.

 그런 엄마에게 요전에 소포가 왔다. 아버지가 정년퇴직 후에 밭을 빌려서 채소를 키우고 있어서, 종종 밭에서 딴 채소를 깨끗이 포장해서 보내준다. 아버지는 색다른 품종의 채소를 이것저것 시도하여서, 그중에는 어떻게 요리해야 할지 모르는 채소도 섞여 있다. 그래서 채소마다 엄마의 요리법 메모가 붙어 있다.

살짝 데쳐서 유부하고 같이 밥을 지으면 맛있단다.

짧은 파는 구워서 된장 찍어 먹으면 맛있단다.

무가 아주 맵단다.

그 메모 글씨가 나날이 달필이 되어가서, 펜글씨 성과를 넌지시……랄까, 대대적으로 홍보하는 것 같다.

그러면 나도 역시 대대적으로 칭찬하는 편이 좋지 않을까?

채소 고마워. 엄마 글씨 예쁘네!

바로 메일을 보낸다.

펜글씨 교실에서 예뻐진 엄마의 글씨. 그러나 역시 엄마 글씨체가 남아 있다. 어릴 때부터 익숙한 그 그리운 글씨체.

초등학교 저학년 때 교과서를 지금도 몇 권 남겨 두었지만, 모두 엄마 글씨로 내 이름이 쓰여 있다.

학교에서 괜히 불안할 때, 그걸 보며 "엄마 글씨다!" 하고 힘을 낸 적도 있었을지 모른다.

문득 그런 생각이 들었다.

부모가 되어봐야 비로소 부모의 고마움을 안다고 하지만, 각자의 타이밍대로 고마워해도 좋지 않을까. 앞으로도 "고마웠다"고 느낄 일이 새롭게 나올지도 모르므로, 그때마다 고마워하면 된다는 생각이 드는 마흔세 살의 봄이다.

다채로운 하루

초여름의 일요일.

오늘 하루는 맘껏 놀기로 하자!

아침을 먹은 뒤 준비를 하고 역으로 향했다. 시원한 바람이 기분 좋아서 자전거도 쾌적하다. "역에서 먼 집에 살길 잘했어!" 이런 날은 임대 맨션의 입지조차 사랑스럽다.

일단은 영화. 그와도 의견이 맞아서 〈테르마이 로마이〉를 보러 갔다. 상영 시간이 다 되어갈 때 가서 앞자리밖에 남지 않았다. 거의 만석. 지난주, 미팅 전에 잠깐 짬을 내서 본 〈우주형제〉도 늦게 가서 앞자리였는데, 누가 보면 앞자리를 좋아하는 사람인 줄 알겠다.

영화가 끝나고 극장 안이 밝아지자, 옆자리에 앉아 있던 젊은 남자가

"지금 완전 목욕하고 싶어졌어."

라고 했다.

영화를 본 뒤에는 요요기 공원에서 열리는 태국 축제에. 야외에 엄청나게 많은 수의 태국 요리 포장마차가 줄줄이 늘어서 있는 행사로, 몇 년 전에도 가서 즐거웠던 기억에 또다시 가보았다.

있다, 있다, 포장마차! 그리고 사람도 무진장 많다. 다들 포장마차를 들여다보면서 걷고 있어 좀처럼 앞으로 나아가질 못한다. 우연히 지인과 마주쳐서 10초 정도 인사.

태국 야키소바인 팟타이, 생선살 튀김, 춘권 튀김. 뜨거운 것을 그 자리에서 우적우적. 우적우적 먹으면서도 옆 커플이 먹는 접시의 내용물을 궁금해 한다.

처음 먹는 맛있는 디저트도 있었다. 쌀가루와 코코넛 우유를 섞은 생지를 다코야키 기계 같은 것으로 구운 것. 은은한 달콤함과 질척한 식감. 정말 맛있어서 싼 걸로나마 다코야키 기계 하나 사갈까 생각했을 정도다.

만족, 만족. 서서 먹는 타임 뒤에는 가게에 들어가서 잠

시 휴식. 영화 팸플릿을 뒤적거리면서 차가운 진저에일을 마신다.

자, 그럼 잠시 개별 행동을 합시다. 그와 헤어져 나는 서점으로. 카트를 밀면서 구석구석까지 둘러본다. 요리, 여행, 법률, 자격, 경제, 역사. 흥미가 있고 없고 간에 한차례 둘러보며 걷는 것을 좋아한다. 중학교 참고서 코너에서 재미있어 보이는 책이 있어서 한 권 바구니에 넣고, 다음은 후쿠오카 신이치[일본의 저명한 생물학자이자 베스트셀러 작가] 씨의 신간 2권. 서점을 나와 커피숍에서 한 시간 정도 책을 읽다보니 해가 저물기 시작했다. 다시 그와 합류하여 백화점 지하에서 각자 먹고 싶은 것을 사서 집으로 돌아왔다. 나의 하루 따위 알 바 아니라는 듯이 빨래가 바싹 말라 있었다.

판단 착오

하는 일마다 어긋나는 날이 있다.

업무상 회식이 있는 날.

오랜만에 기모노를 입고 가자는 생각이 번쩍 들었다. 기모노 입는 법을 배운 적이 있어서 혼자 할 수는 있지만, 지금의 내 기모노 띠는 매직테이프로 착착 붙이기만 하면 되는 것. '띠 만들기'라는 게 있다는 것을 알고, 책을 사서 따라 해보았더니 쉽게 만들 수 있었다. 기모노 띠를 착착착 큰북 모양으로 접어서 꿰매어 붙이면 눈 깜짝할 사이에 완성. 자르거나 하지 않고, 실만 풀면 언제든지 원상태로 돌아간다.

매직테이프로 붙이는 띠라면 기모노를 간단히 입을 수 있으므로 척척 준비를 해서 현관으로 향했다. 아참, 선물 받은 소스가 있었지. 병에 든 예쁜 색깔의 채소 소스가 마침 인원수만큼 있으니 한 병씩 나눠주자! 싶어서 거래처에서 받은 종이가방에다 담아갔다. 여자들끼리 하는 회식이어서 업무상이지만 여자들만의 단합대회 같은 기분이었다.

회식은 채소가 맛있는 레스토랑. 정말 즐거웠다. 즐거웠지만 내가 기모노로 등장하는 바람에 테이블에는 어딘지 모르게 긴장감이 달렸다. 기모노라고 하면 준비하는 데 시간이 걸린다는 이미지가 있어서 상대방 쪽에서도 신경을 쓰게 된다. 아무리 매직테이프 띠라고 해도…….

"일부러 기모노를 입고 와주셔서 고맙습니다."

라고 해서, 아아, 그렇게 됐구나! 하고 반성. 게다가 기모노를 입고 왔다고 돌아가는 길에는 가게까지 택시를 불러주었다. 채소 소스 선물에는 "저희는 미처 신경을 쓰지 못해서" 하고 미안해하며, 들고 간 종이가방의 귀여움까지 칭찬하게 하는 상황으로.

기모노(내 것은 봄 코트 가격 정도지만)를 한 벌 갖고 있으면, 어떤 회식이든 '뭘 입고 가지' 하고 망설이지 않아도 되니 편하구나 생각했지만, 업무상 회식 자리에서는 다른 사람들에게 신경만 쓰이게 할 뿐이었다. 판단을 착오한 밤이었다.

말을 하며 즐기다

요 며칠 전, 오랜만에 만나는 친구들과 저녁을 먹었다.

카운터에서 먹는 가벼운 프렌치 레스토랑. 새우와 가리비가 듬뿍 들어간 뜨거운 그라탱을 나눠 먹으면서, 꺄악꺄악거리며 여행 계획을 세웠다.

프랑스 니스에 가고 싶어, 홍콩도 좋겠네, 뉴욕도 가보고 싶어, 센트럴 파크라든가.

여행 계획은 실행하는 것만이 목적이 아니다. 소리 내어 말로 하면서 즐긴다고 할까…….

배우고 싶은 것들 이야기도 그것과 비슷한 것.

"요리를 배워보고 싶어. 향신료를 여러 가지 사용한 카레 같은 거라든가."

"아, 그거 좋겠네. 해보고 싶다!"

"난 일식을 배우고 싶어."

"맞아, 일식의 기본을 배우고 싶어."

이 정도의 화제로 두 시간 반 정도는 가볍게 지나간다.

배불리 먹고, 디저트도 해치우고, 잘 먹었습니다, 하고 가게를 나왔다.

아직 9시 30분. 어떡하지?

근처에 잡화점이 있어서 한 바퀴 둘러보았다. 가구도 팔았다.

"이 소파, 갖고 싶다~"

"정말, 갖고 싶다~"

착석감을 시험해보니 적당히 단단하다. 그러나 두 사람 다 살 마음은 없다. 좋네, 갖고 싶네 하고 말하고 싶을 뿐.

이런저런 '갖고 싶은 것'이 생기지 않으면 자신의 미래가 점점 쇠퇴하는 것처럼 느껴져서, 그래서 어디 가고 싶다, 배우고 싶다, 사고 싶다, 먹고 싶다고 말하는 건지도 모르겠다. 그런 생각을 하면서 가구 코너를 뒤로했다. 결국 그 가게에서 산 것은 280엔짜리 연두색 칫솔 한 개. 작은 것이어도 하나 사면 묘하게 만족스럽다.

"그럼 다음에 또 맛있는 것 먹으러 가자~"

밤의 오모테산도 역에서 힘차게 친구들과 헤어졌다. 오늘 참 즐거웠구나, 하고 컴퓨터 화면을 보고 있는 지금이다.

득실 메모리

사람마다 '손해를 보고 싶지 않다'는 마음의 강약이 다르겠지만, 나의 메모리는 어느 정도일까 생각해본다. 돈 얘기다.

당연히 되도록이면 득을 보고 싶다고 생각한다. 그러나 실제로는 손해를 보고 싶지 않다는 생각 쪽이 압도적으로 많다.

애당초 일상생활에서 돈으로 득을 볼 일이 별로 없지 않을까. 물론 득을 보는 사람도 있긴 하겠지만, 득을 본 사람조차 날마다 '손해 보기 싫다'는 생각을 하며 살지도 모른다. 득을 보는 것은 사려고 마음먹었던 핸드백이 마침 세일을 한다든가, 그런 정도밖에 없을 것 같다.

그렇긴 하지만 돈이란 참 신기하다. 득을 보고 싶다, 손해 보기 싫다, 하는 마음과는 별도로 손해를 봐도 상관없으니 오기를 부리고 싶을 때도 있다.

내게도 있다. 그럴 때는 대부분 화가 나 있다. 돈으로 분쟁이 생겼을 때는 체력도 정신도 소모되므로 평상심으로 돌아가는 데 시간이 걸린다. 그 시간에 일을 했을 생각을 하면 이중으로 손해 본 기분이 든다.

금액으로는 손해를 봤지만, 즐거운 손해도 있다.

바로 얼마 전에도 그랬다. 한잔하고 돌아가는 길에 친구들 여러 명과 게임센터에서 인형뽑기를 했다. 별것 아닌 인형 하나를 뽑기 위해 한 사람당 2,000엔씩 써버렸다. 인형을 뽑으면 뽑은 대로 "줄게", "필요 없어" 하며 서로 떠맡기면서⋯⋯. 평소에는 딱 잔돈 2,000엔이 부족하면 화가 나지만, 별것 아닌 인형을 뽑느라 쓴 2,000엔은 즐거웠던 밤의 대가이니 아깝지 않다.

사람은 언젠가 죽는다. 내가 죽을 때, 내 지갑에는 얼마가 들어 있을까? 5,000엔? 10,000엔? 다 쓰지 못한 그 돈을 생각해서 적은 돈의 손실쯤 덮어두는 게 어떨까.

"우와, 이 케이크, 이렇게 비싸면서 맛이 없어! 그렇지만 그 돈을 미리 썼다 생각하지 뭐……."

이 방법으로 모든 것을 극복하면 훨씬 기분도 가벼워질 것이라는 망상을 해본다.

부모님께 인사하기

 거리에서 결혼식장에서 돌아오는 길인 젊은 아가씨들 무리를 보면, 나도 모르게 돌아보게 된다. 예쁘게 세팅한 머리와 샤랄랄라한 원피스. 지갑과 휴대전화로 빵빵해진 조그마한 핸드백과 거기에 다 들어가지 못한 그 밖의 것을 담은 작은 종이가방. 그리고 답례품 종이가방을 들고 있다. 그중에는 신부 부케를 든 아가씨도 있다. 아무리 짐이 많아도 한껏 치장한 그녀들은 정말 즐거워 보인다.
 내 결혼식은 어떤 식으로 할까?
 적령기 때의 나는 친구 결혼식이 매번 사전답사 같은 것이었다.

결혼식의 클라이맥스인 양친에게 보내는 편지. 어쩌면 예행연습으로 실제로 써보기도 했을지 모른다.

우리 아버지는 결혼식 전날 밤에 "지금까지 키워주셔서 감사합니다" 하고 딸에게 인사 받는 날을 줄곧 기대했던 것 같다.

"나, 울지도 모르겠다."

틈만 나면 그 얘기였지만, 미혼인 나는 여태 그런 인사를 못 했다. 결혼한 여동생은 아버지의 꿈을 이루어드렸을까? 확인해보지 않아서 모르겠다.

생각해보니 나는 부모님에게 정식으로 감사 인사를 한 적이 없구나. 결혼식에서 부모에게 보내는 편지는 아주 편리한 시스템 같다.

도쿄에서 일하겠다고 마음먹은 것은 스물여섯 살 때. 집을 떠나기 전날 밤, 아버지는 도쿄-신오사카 신칸센 회수권을 여섯 장 주었다. 언제라도 돌아오고 싶을 때 오라는 의미란 건 알았지만, 쑥스러워서 퉁명스러운 얼굴로 받아들였다. "지금까지 키워주셔서 감사합니다" 하고 인사를 하는 것은 그날 밤이 기회가 아니었을까?

그러나 이제 와서 새삼스레 인사하지 않아도 되겠지. 분명 이해해줄 거라 생각하고 싶다. 그렇게 생각하고 싶은 마음은 아이들의 세계에서 온 것 같은 기분이 든다.

20대 시절,
호텔 이벤트에서
웨딩드레스를
입어본 것이
처음이자 마지막이었습니다.

3,900엔
사진촬영 포함

체질하기

올해는 영화나 연극을 되도록 많이 봐야지!
그렇게 생각하고 여기저기 보러다녔다.
가장 최근에는 미타니 코키_{일본의 극작가이자 영화감독. 〈웰컴 미스터 맥도날드〉로 국내에 알려지기 시작했다} 씨가 번안하고 연출한 〈벚꽃공원〉. 극장에는 엄청난 수의 화환이 들어와서 작은 식물원을 연상하게 할 정도였다.
"이렇게 많으면 내가 보낸 꽃이 어디 있는지 모르겠네~"
같이 간 사람에게 말했더니 금방이라도 마스다 미리의 이름을 찾아줄 기세였다.
"아이참, 농담이에요!"

미타니 씨와도 배우들과도 접점이 없다. 객석은 초만원이었다.

미야자와 겐지의 낭독회에도 갔다. 그날그날의 초대 손님이 미야자와 겐지의 시와 책을 낭독하는 단조로운 무대였다. 내가 간 날은 배우인 고이즈미 교코 씨와 가자마 모리오 씨 그리고 호시노 하라 씨 세 분이었다.

아, 그렇지, 빈 소년합창단 공연에도 갔다. 신문광고를 보고 티켓을 예약했다. 공연 당일에는 소년들의 맑은 노랫소리에 황홀했다. 일본어로 〈고향〉이란 노래를 불러줄 때는 나도 모르게 눈물이 날 뻔했다.

눈물이라고 하니 케라리노 산드로비치 씨가 각본을 쓰고 연출한 연극 〈백 년의 비밀〉을 본 생각이 나네. 옆자리 앉은 청년이 내내 울었다. 나도 마지막에는 눈물이 났다. 세 시간 반 가까운 가부키 못잖은 긴 연극이었지만, 언제까지고 보고 있고 싶은 연극이었다.

영화관에도 갔다. 며칠 전 태풍이 친 날 밤, 한국 영화 〈써니〉를 보았다. 아주 간단히 설명하자면, 소원해진 여고 동창 6인조가 어른이 되어 재회한다는 이야기. 방과 후, 다들 같이 듣던 외국 히트곡. 재회 후, 그녀들이 그 멜로디에 맞춰 춤을 추는 장면이 있다. 우리 고등학교 시절에는 마돈나였다. 체육 수업 시간에 '창작댄스'가 있어서 우리 반은 마돈나의 〈라이크 어 버진〉으로 춤을 추었다. 매일 늦게까지 연습하고, 발표회가 끝난 뒤에도

"마지막으로 모두 함께 한 번 더 추자!"

이렇게 되어 학교 복도에서 춤을 추었던 날로부터 25년이 지났다니…….

〈써니〉는 그런 시절의 나를 생각나게 하는 영화였다.

다음은 우디 앨런 감독의 〈미드나잇 인 파리〉도 보러갔다. 달리와 피카소가 활약하던 시절로 시간 여행하는 이야기. 세련됐다.

다양하게 본다는 것은 많은 모래를 체 안에 담는 작업과 비슷하다. 많이 담으면 걸리는 것도 늘어난다. 내 체는 좀 큼직하지만…… 그러나 무언가가 도톨도톨 남아 있는 것 같은 기분이 들었다.

미래의 나에게

자신이 하는 말을 상대가 묵묵히 들어주고 있다는 그 두려움, 민망함, 미안함, 고마움, 기쁨, 과분함을 깨닫지 못하는 것은 늙었다는 증거다.

다나베 세이코『조제와 호랑이와 물고기들』을 쓴 소설가 씨의『환승이 많은 여행』중의 한 구절이다.

나는 40대여서 '늙음'이란 말을 사용하기에는 좀 이르다고 생각하지만, '내 얘기를 길게 들어주는 상황일 때 주의하는 버릇을 들여야겠구나' 하고 젊은 사람과 회식을 하고 돌아가는 길이면 반성하곤 한다.

그래서 어떤 것을 떠올렸다. 미래의 내게 편지를 보내는 건 어떨까? 20년 뒤면 나는 63세. 63세의 나에게 '앞으로 조심해야 할 것'을 확인해두는 것이다. 자신에게는 좀처럼 냉정해질 수 없다. 게다가 나는 자식이 없으니 "엄마, 그런 건 좋지 않아"라고 지적해줄 젊은 사람도 옆에 없을 터다. 그렇다면 '43세의 나'가 '63세의 나'에게 딸이 되었다 생각하고 충고를 해주는 건 어떨까. 자기가 자기한테 하는 말이니 화가 날 리도 없다. 편지를 쓰면 봉해서 보관한다. 그리고 내용을 완전히 잊고 있을 20년 후에 뜯어서 읽으며 마음을 다잡을 것이다.

일단은 '너만 얘기하지 않는다. 남의 얘기도 듣는다'라는 말을 써두고 싶다. 재잘재잘 혼자만 얘기하는 경향이 있는데, 20년 후에는 그게 더 심해질 가능성이 많다.

다음은 그렇지, '약속장소는 꼼꼼하게 메모하기'도 중요할 것 같다. 바로 얼마 전에도 작업 미팅이 있었는데 장소를 착각하여 전혀 다른 커피숍에서 혼자 우두커니 기다리고 있었다.

'눈썹을 정기적으로 손질하기'라는 문장도 넣어두는 게 좋겠다. 눈썹이 잘 길어서 이내 지저분해진다.

아니, 아니, 잠깐만. 이건 굳이 20년 뒤라기보다 전부 지금도 조심해야 할 것들일지도 모르겠군요…….

수짱, 마이짱&사와코상

내부 시사회에 다녀왔다. 영화를 완성한 뒤, 관계자끼리 모여서 보는 시사회를 말한다. 나는 영화 원작자여서 시사 멤버에 끼었다.

만화 '수짱' 시리즈 중의 하나인 『지금 이대로 괜찮은 걸까?』원제 '수짱'가 〈수짱, 마이짱&사와코상〉이라는 긴 제목으로 내년 봄에 영화로 개봉된다. 2011년 도쿄국제영화제에서 상영되었고, 2012년 3월에 전국개봉했다 담담하고 극적인 사건도 없는 내 만화를 영화로 만들기는 정말 힘들겠다고 생각했는데, 완성된 영화도 극적인 사건 없이 담담했다. 그런데 울어버렸다. 짠하고 뭉클했다.

울면서 잠깐만, 울어도 되는 거야? 생각했다. 원작자인 내가 운다는 것은 내 만화를 보고 운다는 말도 되니, 자신을 과하게 사랑하는 사람 같아 보이지 않을까? 가방에 손수건은 들어 있었지만, 눈물을 닦는 것도 그래서 포기하고 계속 흐르게 두었다.

영화가 끝나고 불이 켜졌다. 100명 정도 있었나. 나는 좋은 영화라고 생각했지만, 다른 사람은 어땠을까. 시내 영화관과는 달리 화기애애한 느낌은 없다. 일이기 때문이다.

시사회장을 나오자, 내 쪽으로 시선이 모였다.

"어떠셨어요?"

하는 시선이다.

내 감상이 그렇게 중요하다고는 생각하지 못해서 우물거리다가,

"아주 좋았습니다."

라고밖에 대답할 수 없었지만, 정말로 아주 좋았다. 제대로 전해졌는지 걱정이다.

원작에 없는 장면도 많이 있었지만, 그것도 역시 신선한 기분으로 볼 수 있었다. 수짱 역의 시바사키 코 씨, 마이짱 역의 마키 요코 씨, 사와코상 역의 데지마 시노부 씨. 호화

로운 캐스팅이지만, 그 호화 캐스팅을 잊어버릴 정도로 흔들리는 여성들의 마음을 자연스럽게 연기했다. 프로란 이런 것이리라.

딱 한 가지, 집에 돌아온 뒤에도 궁금한 게 있다. 카페 장면에서 '수짱'이 만든 요리. 하얀 접시에 수북하게 담긴 노란 요리. 몇 번이나 나왔다. 푸딩 같기도 하고 오므라이스 같기도 하다. 그리고 화사하다. 가능하다면 한번 먹어보고 싶다. 대체 뭐였을까? 내부 시사회 직후에 감독에게 물을 일도 아닌 것 같아서 잠자코 있었지만, 아직도 궁금하다.

살빼기 노력

일로 신세진 분들에게 감사 인사를 겸해 내가 주최한 저녁 모임. 이것저것 다양한 음식을 먹을 수 있는 가벼운 이탈리아 식당으로 예약했다.

여자 세 명. 모두 맥주를 주문하지만 나하고 또 한 사람은 무알코올 맥주. 기분만이라도 내야지, 하며 "건배." 술을 전혀 마시지 못하는 건 아니지만, 약한 체질이어서 찔끔찔끔 입을 대게 된다. 벌컥벌컥, 캬아~ 하고 마시고 싶은 기분일 때는 이런 맥주도 있어 아주 편리하다.

건배를 한 뒤, 바로 작은 잔에 채소와 과일로 만든 주스가 나왔다. "식전에 마시면 소화를 돕는답니다" 하는 종업

원의 설명에, 그럼 오늘밤은 실컷 먹어도 되겠군요! 하는 우리.

"그러고 보니 수제 채소 주스를 마시고 뱃살이 빠졌다는 지인이 있어요."

한 사람이 말을 꺼내자 그걸 신호탄으로 단번에 '다이어트'가 주제로 떠오른다. 요즘 유행하는 DVD가 딸린 댄스 책 얘기로 분위기는 더욱 고조되었다.

"나 그 책 있어요."

"어머, 그래요? 자세히 설명 좀 해줘 봐요."

하면서 나오는 요리마다 깨끗하게 싹싹. 디저트까지 확실히 먹어서 배는 빵빵.

"소화에 좋은 주스도 마셨으니 살은 괜찮겠죠~"

"괜찮아요, 괜찮아."

말로 하면 정말로 괜찮을 것 같은 기분이 드니 참 희한하다.

일행과 헤어진 뒤, 나는 서점으로 직행해서 화제에 올랐던 댄스책을 사서 돌아왔다. 당장 DVD를 보면서 시도해 보았지만, 리듬감 없는 나 자신에게 질렸다. 유리창에 비친 내 움직임은 댄스라기보다 구조를 요청하는 사람 같다.

살을 빼는 게 문제가 아니었다. 결국 댄스는 포기하고 수제 채소 주스의 노선을 가기로 해서, 며칠 뒤 저가의 핸드믹서를 사와 식사 전에 만들어 마시고 있다.

비를 맞는 자리

"비를 맞는 자리여도 괜찮습니까?"

하는 대사는 명백히 이상하다.

차 한 잔 마실까 하고 친구와 카페에 갔더니, 남자 직원이 입구에서 이렇게 말했다. 엉겁결에 말을 따라 했다.

"비를 맞는 자리여도 괜찮습니까, 라고요?"

가게에는 전망이 좋은 테라스석이 있었다.

"테라스석과 실내석, 어느 쪽이 좋으십니까?"

그렇게 물어서 테라스석이라고 대답했더니 앞에 한 대사를 되풀이했다.

비를 맞는 자리에 앉고 싶지 않다. 그러나 어느 쪽이 좋으냐고 묻는 것은 앉지 못할 것도 없다는 건가. 이것은 선문답?

"비가 내리는데 앉을 수 있어요?"

반문해보았다. 그러자 일단 내리진 않지만, 비 내리는 상황에 따라서는 맞을 수도 있다고 한다.

"그럼 비가 심해지면 안으로 옮겨도 되나요?"

묻자, 자리 이동은 안 됩니다, 하고 단호히 거절.

뭐지, 그건?

보통 같으면 "아, 됐어요" 하고 가게를 나왔을 텐데, 갑자기 비가 쏟아지는 데다 주위에 마땅한 가게가 없다. 빗속을 헤매는 것도 귀찮아서 그냥 참기로 했다. "안에 앉을게요"라고 하다가 '비를 맞는 자리'란 대체 어떤 자리일까? 하는 흥미도 있어서 테라스석으로 안내받았다. 다행히 그 자리는 비를 안 맞는 자리였다.

"다행이다."

하고 친구와 커피를 마셨지만, 안타까운 것은 옆자리의 나이 지긋한 부부. 테이블 3분의 1정도가 비를 맞아 흠뻑 젖어 있었다.

오잉, 하고 보니 짐이 젖지 않도록 우산까지 씌워두었다.

결국에는 앉을 수 없을 정도로 세찬 비가 내려 두 사람이 커피를 들고 빈자리로 이동하려고 일어선 순간, 아까의 점장 같은 남성이 날아오더니,

"그곳은 예약석입니다. 자리 이동은 안 된다고 처음에 말씀드렸지요?"

부부는 다시 비가 내리는 자리로 돌아갔다.

그러나 과연 그도 아니라고 생각했는지, 아르바이트 여성에게,

"이 테이블, 안쪽으로 조금 더 옮겨드려!"

하고 지시했다. 이동할 공간을 만들 수 있다면 처음부터 그랬으면 되잖아! 그 남자 이외의 다른 사람들은 옛날에 깨달았을 것이다.

같은 일이어도 저마다 일을 하는 방식이 있다. 그는 손님이 많은 가운데,

"저 자리, 한 사람 앉힐 테니까 정리해!"

하는 식으로 시종 아르바이트생에게 지시를 내렸다. 일하는 법이 얼마나 치졸한가. 일하는 법은 살아가는 법이 아닌가.

아니, 아니, 이번에 내가 가장 주목한 것은 실은 이 점이

아니다. 우산을 쓰고 커피를 마시는 부부 쪽이다. 테이블을 옮겨주자, "고맙습니다" 하고 머리를 숙였다.

어찌나 아량이 넓으신지!

어떤 의미에서는 감탄이 나왔다.

즐거운 어른들의 장래

 작업 미팅을 마친 뒤, 백화점을 어슬렁거리고 있는데 친구에게 문자. 그래서 오랜만에 셋이 뭉치게 되었다.
 친한 여자친구 세 명. 모두 옛날에 마흔을 넘었다. 어른이 된 뒤에 알게 되어 종종 밥도 먹으러 가고, 영화도 보러 간다. 언제나 셋은 아니고 형편이 되는 대로 둘이서 갈 때도 있다.
 새로 생긴 쇼핑몰 식당가에서 밥을 먹은 뒤,
 "나온 길에 새로운 카페를 개척하자!"
 밤의 시부야를 어슬렁거렸지만, 금요일이어서 어디나 꽉 찼다.

"저 빌딩 꼭대기 층. 카페 같지 않니?"

올려다보니 테라스가 있고 나무가 보였다. 오픈 테라스 카페일지도 몰라. 가보자, 하고 빌딩에 들어가니 입구에 가게 사진. 레스토랑과 바를 합체한 분위기 있는 카페로 테라스석에 수영장이 있었다.

"세련된 사람들이 오는 곳 같아."

"관두자, 관두자."

아무리 어른이 되어도 이런 가게는 들어가기 어렵다. 도로 나와서 결국 늘 가던 카페에서 커피와 케이크를 먹는다. 아는 가게가 편한 나이다.

"노후에 카페 한번 해보면 어때?"

직장 다니는 친구에게 억지로 권한다.

"좋아. 그럼 메뉴는 차와 간식."

"단 음식은 자기가 좋아하는 것 각자 갖고 오기."

"신발 벗고 텔레비전 볼 수 있는 가게가 좋겠어."

"그건 완전 자기 집이잖아."

대화에 꼭 노후를 화제로 넣는 것은 웃어넘기고 싶기 때문인지도 모른다. 이제 누구도 장래희망이 뭐냐고 묻지 않지만, 어른이 되어도 장래는 있다. 연금은 얼마 받을 수 있을까. 소비세도 오를 것 같은데. 병에 걸리면 어쩌지……. 이것저것 불안하다. 그렇지만 마지막 전철을 앞두고 가까운 역에서 헤어질 때는 다음달 열리는 불꽃놀이 대회 일정을 서로 확인하는 우리였다.

여러 세계를…

연극이나 영화, 전시회 등을 자주 보는 날들이다.

시사회에서 〈이로도리, 인생 2막〉이라는 영화를 보았다. 과소화過疎化가 진행된 도쿠시마 현 가미가츠초에서의 실화다.

산에 가서 '나뭇잎'을 따다 팔자! 어느 순간, 할머니들이 뜻을 모았다. 요정 등에서 요리를 내놓을 때 나뭇잎을 '장식'으로 쓰게 팔자고 생각한 것이다. 말도 안 된다고 비웃는 주위 사람들을 무시하고 애쓴 결과, 지금은 연 수입 2억 엔의 비즈니스가 되었다고 한다. 요시유키 가즈코 씨, 후지 준코 씨, 나카오 미에 씨를 '할머니'라고 부르기는 좀 그렇지만, 멋진 할머니 역을 연기해주었다.

여름방학에 보러 간 영화로는 〈어메이징 스파이더맨〉과 〈다크 나이트 라이즈〉. 스파이더맨과 배트맨이다. 이런 액션 영웅물은 좀처럼 볼 기회가 없으니 제대로 봐두는 것도 좋겠다 싶어 영화관에 들어갔지만, 초보자여서 당황. 〈배트맨〉에서는 걸핏하면 "고담을 구하라" 같은 대사가 나와서, "고담이 누구지?" 하고 고개를 갸웃거렸더니, 고담은 도시 이름이었다. 그걸 알아차렸을 때는 이미 영화가 끝나가고 있었다.

영웅물이라고 하면 도쿄도 현대미술관의 〈안노 히데아키 관장 특수촬영 박물관 미니어처로 보는 쇼와 헤이세이의 기술〉이라는 전람회에도 다녀왔다. 울트라맨을 코앞에서 볼 수 있어서 기뻤다. 울트라맨이 우주인이라는 사실을 처음 안 나다. 울트라맨은 아니었지만, 전람회를 위해 특수촬영으로 찍었다는 영화도 있었는데, 그 제작 장면도 전람회장에서 틀어주었다. 그런데 이것이 얼마나 재미있던지! 남자 어른들이 모여서 미니어처 빌딩 폭파 시키는 방법을 얘기할 때의 그 기뻐하는 모습이라니.

그밖에도 마쓰오 스즈키 씨 연출의 연극과 후지야마 나

오미 씨의 연극에도 갔다. 구도 칸쿠로 씨 각본으로 극장 코쿤에서 하는 가부키 공연 〈덴니치보天日坊〉는 미술도 참신했다. 마치 종이 연극을 시작하듯이 무대가 진행된다. 막 대신 커다란 '상자'를 이용하다니, 어쩜 그런 생각을 할 수 있을까? 나카무라 시치노스케 씨의 〈여도둑〉에도 흥분했다.

이밖에도 엄청 많은 연극과 영화를 보았다. 이따금 보러 간 사람들과 식사를 하면서 감상을 서로 얘기할 때도 있다. 전체 구성이 너무 단순하다, 그 장면은 별로다. 분위기를 타고 "맞아요, 좀 더 정성껏 만들었으면" 하고 동조하다보면 최종적으로는 찜찜한 마음으로 귀가하게 된다. 내 일도 그런 식으로 평가받는 대상이다.

지금은 가을 출간 예정인 만화를 손질하고 있다. 잘 그렸다고 생각하지만, 좋은 평가를 받든 못 받든 인생은 계속된다. 그러기 위해서도 여러 세계를 많이 봐두어야겠다고 다짐한다.

그렇게 못했던 것을

 어른이 되면 저절로 할 줄 알게 되는 것이 있다. 내 경우는 수영이다. 어린 시절에는 학교의 지름 25미터 되는 수영장을 헤엄치는 데도 도중에 두세 번씩 서야 했고, 여름 체육 시간을 끔찍이 싫어하며 학생 시절을 보냈다.

 그리고 세월은 흘러 어른이 된 나는 누구한테 배우지도 않았는데 수영을 무난하게 잘한다.

 몇 년 전이었더라? 회사 다니던 시절이니 20년쯤 전이려나. 텔레비전을 켰더니 마침 수영을 하고 있는데 평영 해설을 하고 있었다. 수중에서 촬영한 수영하는 사람 영상을 보다가, 갑자기 "아, 알겠다!" 하는 생각이 들었다. 수영을 한다는 행위가 어떤 것인지 시각적으로 이해할 수 있을 것 같았다.

나, 이제 수영 잘할 수 있을 것 같은 기분이 들어.

그날 밤, 초등학교 수영장을 쌩쌩 헤엄치는 꿈까지 꾸었다.

그리고 직장 동료들과 새로 생긴 스포츠클럽에 다니게 되면서, 수영장에서 실제로 시도를 해보니 25미터를 한 번도 서지 않고 헤엄칠 수 있었다. 신기했다. 그렇게 못했던 것을 이렇게 쉽게 해내다니.

역시 그 프로그램을 보길 잘했어, 라고 줄곧 생각했다. 그런데 최근 다시 수영장에 다니면서 그건 좀 다르다는 사실을 깨달았다.

어린 시절, 내가 수영을 못했던 것은 수영하는 자체보다 물속에서 눈을 뜰 수 없다든가 귀가 약해서 수영장 계절이 끝나면 이비인후과에 다니며 아픈 치료를 해야 한다는 '예감'이라든가 물속에 뛰어드는 게 무섭다든가 하는 공포 탓이지 않았을까.

어른들 세계의 수영에는 고글도 귀마개도 있다. 수온은 언제나 적당하다. 뛰어들지 않아도 된다. 그리고 누구와 경쟁하지 않아도 된다! 내가 두려워했던 것이 아무것도 없다. 그런 어른의 수영 시간은 얼마나 즐거운지 모른다.

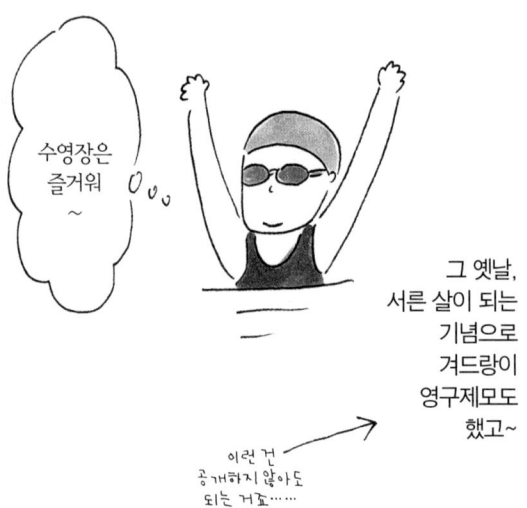

친구의 유형

그게 언제 일이었더라?

"나도, 내 친구도, 다~들 이런 분위기예요."

그 말을 듣고 뭔가 찜찜했다.

이런 분위기의 '이런'이란 여성스럽지 않다는 것으로, 자기네는 여성스럽지 않은 그룹이어서 좋다, 라는 말을 하는 것이었다.

집에 돌아오는 길에 나는 내 가슴을 가득 채운 찜찜함이 무언가 생각했다. 그러다 그 원인을 깨달았다.

나는 친구들과 케이크를 먹으러 가고, 영화나 연극을 보러 가고, 사소한 선물을 주고받으며 꺅꺅 기뻐하는 것이 즐겁다. 그래서 어딘지 모르게 비슷한 부류의 친구가 많다. 그런 점을 여성스럽다고 표현한 것이고, 그런 점이 어쩐지 그들과 맞지 않았던 것 같다.

하지만 내게도 나와 다른 유형의 친구들이 있다.

단 음식을 싫어하는 친구도 있으며 술을 엄청나게 좋아해서 취하면 눈동자가 움직이지 않는 친구도 있다. 매사 덤벙거리고 칠칠치 못한 친구도 있고, 연극 보는 걸 고역으로 아는 친구도 있다. 친구 유형이 모두 같지는 않다.

케이크나 연극을 좋아하는 나도 겨드랑이털이 어쩌고 음모가 어쩌고 하는 에세이를 쓰고 싶으며(쓰지만), 친구들은 "그런 얘길 왜 쓰는 거야" 하고 갸웃거릴 때도 있다. 세상에 성격이 일관된 사람은 그렇게 많지 않다.

나는 그때, 같은 유형의 친구밖에 없는 걸로 단정 짓는 것이 마음에 걸렸던 게 아닐까. 대충 한통속으로 묶어버리는 것은 내 친구에게 미안한 일이다. 다양한 친구들이 있는데. 이유를 알고 나니 개운해졌다.

내 성격

"사람은 변할 수 있을까? 사람은, 변하는 것이 가능할까? 계속 그런 생각을 하면서 살아온 기분이 든다."

어느 만화의 시작 부분으로 주인공 여성이 자문하는 대사다.

나도 어릴 때부터 곧잘 그런 생각을 했다. 그리고 어른이 된 지금도 역시 종종 생각한다. 정황이 나쁠 때 드는 생각이다.

만화는 이렇게 계속된다.

"시원시원한 사람, 줏대 있는 사람, 온화한 사람, 사소한 일에 집착하지 않는 사람, 애교 많고 사랑스러운 사람, 겉과 속이 같은 솔직한 사람, 다른 사람을 나쁘게 생각하지 않는 사람, 호쾌하고 대담한 사람."

주인공은 전부 자기가 되고 싶은 사람이라고 한숨을 쉰다.

안다, 안다!

동감하지만 이 주인공은 최종적으로 "다른 누군가처럼 되고 싶다는 생각을 하지 않는 건, 기분 좋아!"라고 경지에 도달해서 정말로 부럽다. 나는 무언가 실패를 할 때마다 이런 사람이 되고 싶다, 저런 사람이 되고 싶다고 망상한다.

나는 시원시원한 사람도, 줏대 있는 사람도, 온화한 사람도, 사소한 일에 집착하지 않는 사람도, 애교 많고 사랑스러운 사람도, 겉과 속이 같은 솔직한 사람도, 다른 사람을 나쁘게 생각하지 않는 사람도, 호쾌하고 대담한 사람도 아니다. 거듭거듭 유감스럽다……. 내 성격 중에서 싫어하는 부분이 있는 것은 참으로 안타까운 일이다.

하지만 몇 가지 좋아하는 부분 덕분에 그럭저럭 살아간다.

내 성격 중에 마음에 드는 부분.

'한 가지 일에 실패해도 내 전부가 엉터리라고 생각하지 않는다.'

이 점을 가장 좋아한다. 어째서 흔들림이 없는지 모르겠지만, 이런 믿음이 있어서 쓰러지지 않는 것 같다. 자신을 믿는 것도 중요하다.

인터뷰를 둘러싼 이것저것

 인터뷰를 하는 게 서툴다. 질문에 대답하다 보면, 멋진 키워드도 넣는 편이 좋지 않을까? 하는 서비스 정신이 발동해서 별로 생각지도 않은 말을 하기도 한다. 그러면 점점 앞뒤가 맞지 않게 되고, 그걸 정정하려고 하면 아까 한 말과 달라 초조해지고, 원래대로 돌아가기 전에 이상해진다. 보통 인터뷰는 나중에 수정할 수 있지만, 내가 너무 수정한 탓에 열심히 취재해주신 인터뷰어에게 미안해질 때도 있다.
 인터뷰를 하면 가볍게 유도신문하는 듯한 사람도 있다. 이렇게 대답해주지 않으면 곤란하다, 라고 하는 광선을 따갑게 느끼게 된다. 특히 『결혼하지 않아도 괜찮을까?』라는 만화를 그린 뒤에는 결혼관에 관해 질문 받는 일이 많았다.

"결혼하지 않고도 혼자 살아갈 수 있다고 생각한 것은 언제부터입니까?"

하고 거침없이 물으면 엥? 하는 생각이 들었다.

나는 결혼하지 않겠다고도 하지 않았고, 혼자 살아갈 수 있다고도 하지 않았다. 만화와 나는 일심동체가 아니다.

애초에 등장인물과 일심동체라면 만화는 그릴 수 없다. 같은 기분을 공유하는 순간은 많이 있지만, 그리는 사람은 만화의 전부를 훨씬 더 먼 곳에서 보고 있다.

그래서,

"혼자서도 괜찮다고 생각하게 된 것은 어째서입니까?"

이런 질문에는 당황하게 된다. 매번 대답하느라 땀을 뻘뻘 흘릴 걸 알고 있어서, 그런 냄새가 나는 인터뷰는 되도록 멀리하기로 했다.

외로움의 정체

저녁 무렵이라 붐비는 백화점 지하에서 "오징어 튀김 100그램 주세요" 하고 말하는데 갑자기 외로움이 밀려들었다.

그런 외로움은 고독 종류가 아니라 무력감 같은 것이다.

불과 얼마 전까지 저기 어디 있었던 젊은이의 시간. 지나보니 30대는 20대 같은 것이었다. 쇼핑을 가면 사고 싶은 옷이 잔뜩 있고, 노래방에 가면 사랑 노래를 부르고, 누군가에게 고백을 받기도 하고, 누군가를 좋아해서 괴로워하기도 하고……. 그런데 지금은 중년여성복이 낯설어 당황하고 있고, 노래방에도 가지 않게 되고, 사랑에 우는 일도 없다. 마침 한창 그럴 나이의 아가씨와 얘기를 하다보면, "부럽죠?"라고 하는 듯한 기분이 들어 혼자 괜히 열받곤 한다. 그건 그것대로 몹시 피곤하다.

그럼 대체 나는 어떻게 하고 싶은 걸까?

그 시절로 돌아갈 수는 없으니, 앞으로 척척 나아가는 수밖에 없다. 같은 또래의 지인들을 만나면 이런 상황에 대해 이런저런 얘길 하며 웃어넘긴다. 나름대로 즐거운 일도 있겠지만, 그래도 문득 외로워졌다.

이런 기분, 나보다 젊은 사람은 알지 못할 거다.

단정할 건 단정하고 떨쳐내고 싶지만, 아니아니, 나 자신이 30대 중반에 쓴 시에 이런 표현이 있다.

외로움은 혼자서 어떻게든 하지 않고서야

그 시절의 나도 역시 어디선지 모르게 찾아온 외로움에 멍하니 서 있었던 모양이다.

후기를
대신하며

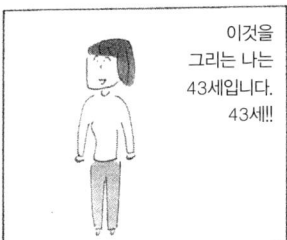

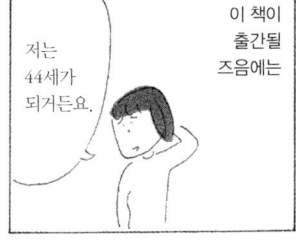

마스다 미리 益田ミリ

1969년 오사카 출생. 만화가, 일러스트레이터, 에세이스트.
진솔함과 담백한 위트로 진한 감동을 준 만화 '수짱 시리즈'가 베스트셀러가 되면서 화제의 작가로 떠올랐다. '수짱 시리즈'와 더불어 수많은 공감 만화와 에세이로 많은 사랑을 받으며 3~40대 여성의 정신적 지주 역할을 하고 있다.
마스다 미리의 대표작 '수짱 시리즈'는 『지금 이대로 괜찮은 걸까?』 『결혼하지 않아도 괜찮을까?』 『아무래도 싫은 사람』 『수짱의 연애』 등으로 이루어졌으며, 이 시리즈는 2012년 일본에서 영화화되었고 2015년 국내에서도 상영되어 관객들에게 많은 사랑을 받았다.
마스다 미리는 만화가로는 드물게 에세이스트로서의 활동도 활발하다. 에세이에서는 주로 만화에서는 다루지 못한 작가 개인의 내밀한 속 이야기를 선보인다. 특히 나이에 따라 변하는 자신의 일상과 마음을 솔직하게 드러내면서 동세대 여성들과 공감대를 형성하고 있다.
『어느 날 문득 어른이 되었습니다』를 비롯해 『여자라는 생물』 『전진하는 날도 하지 않는 날도』 『뭉클하면 안 되나요?』 『오늘도 화를 내고 말았습니다』 등 다수의 에세이가 국내에 출간되었다.
최근 국내 출간작으로는 만화 『오늘의 인생』과 에세이 『그렇게 쓰여 있었다』가 있다.

옮긴이 **권남희**權南姬

일본문학 전문 번역가.

옮긴 책으로 마스다 미리의 에세이 『여자라는 생물』 『어느 날 문득 어른이 되었습니다』 『잠깐 저기까지만』 『여전히 두근거리는 중』을 비롯해 무라카미 하루키의 '무라카미 라디오 시리즈'와 『더 스크랩』 『빵가게 재습격』, 히가시노 게이고의 『질풍론도』, 무레 요코의 『모모요는 아직 아흔 살』 등 다수의 작품이 있다.

어느 날 문득 어른이 되었습니다

| **1판 1쇄 발행** 2014년 3월 20일 | **1판 12쇄 발행** 2018년 9월 5일

| **지은이** 마스다 미리 | **옮긴이** 권남희 | **펴낸이** 고미영

| **편집** 이승환 | **독자모니터** 전혜진 | **디자인** 이효진
| **마케팅** 정민호 한민아 최원석 안민주 | **홍보** 김희숙 김상만 이천희
| **제작** 강신은 김동욱 임현식 | **제작처** 영신사

| **펴낸곳** (주)이봄
| **출판등록** 2014년 7월 6일 제406-2014-000064호
| **주소** 10881 경기도 파주시 회동길 210
| **전자우편** yibom01@gmail.com | **팩스** 031-955-8855
| **문의전화** 031-955-1909

ISBN 978-89-546-2417-6 13830

- 이 책의 판권은 지은이와 (주)이봄에 있습니다.
  이 책의 내용 전부 또는 일부를 재사용하려면 반드시 양측의 서면 동의를 받아야 합니다.
  이봄은 (주)문학동네의 계열사입니다.

- 이 도서의 국립중앙도서관 출판예정도서목록(CIP)은 서지정보유통지원시스템 홈페이지
  (http://seoji.nl.go.kr)와 국가자료공동목록시스템(http://www.nl.go.kr/kolisnet)에서
  이용하실 수 있습니다. (CIP제어번호: CIP2014005039)

- 잘못된 책은 구입하신 곳에서 바꿀 수 있습니다.

springtenten yibom_publishers